STÉPHANIE BOU

W0335775

MON CARNET D'ENQUÊTES

Crimes passionnels

JALOUSIES, RUPTURES, FANSTASMES NARCISSIQUES, DÉJOUEZ LES PIÈGES DE L'AMOUR !

MARABOUT

POSEZ-VOUS LES BONNES QUESTIONS !

Avant de vous lancer à corps perdu dans la résolution de ces enquêtes criminelles, prenez le temps de vous poser les bonnes questions :

À QUI PROFITE LE CRIME ?

On tue rarement sans raison. Il convient donc de rechercher, dans l'entourage de la victime, la ou les personnes qui auraient eu intérêt à ce que la victime disparaisse.

QUEL EST LE MOBILE DU CRIME ?

Cette question est indissociable de la précédente. Tout enquêteur doit tâcher de déterminer les motifs qui ont poussé l'assassin à commettre son crime : argent, jalousie, chantage, dépit amoureux...

DE QUELS MOYENS L'ASSASSIN DISPOSAIT-IL ?

Si l'arme du crime est connue, l'enquêteur doit se demander lequel des suspects pouvait y avoir accès. Mais, outre l'arme, la question des moyens concerne aussi le(s) véhicule(s) utilisé(s) au moment du meurtre, les codes et clés permettant d'accéder au lieu du crime... et bien d'autres choses encore !

L'ASSASSIN A-T-IL AGI SEUL ?

L'enquêteur doit essayer de déterminer s'il y a un ou plusieurs coupables. L'assassin peut avoir commis le meurtre seul mais avoir été aidé d'un complice pour se rendre sur le lieu du crime ou pour déplacer un corps, par exemple.

QUI AVAIT UN ALIBI ?

Une fois que la liste des suspects a été établie, se pose la question de l'alibi. Le lieu et l'heure auxquels le crime a été commis ayant été établis, il faut se demander qui disposait de suffisamment de temps et se trouvait suffisamment proche du lieu du crime pour être un assassin potentiel.

Y A-T-IL DES TÉMOINS ?

Les témoins peuvent se révéler des alliés précieux dans la résolution d'une enquête criminelle.

QUELS SONT LES INDICES LAISSÉS SUR LE LIEU DU CRIME ?

Traces de pas ou de pneus, empreintes, morceaux de tissu, mégots, cheveux, douilles... les indices peuvent revêtir de multiples formes. À vous de n'en négliger aucun ! Les plus insignifiants sont parfois ceux qui permettront de démasquer le coupable...

UN HOMME À FEMMES

Les prémisses

Thibaud Juillard était ce qu'on appelle communément un homme à femmes. Un véritable piège à gonzesse, comme se plaisait à le dire avec élégance et une pointe d'envie son ami Marcus. Il faut dire que le jeune homme avait tout pour plaire. Grand, bien charpenté, musclé juste comme il faut, il pouvait se vanter d'avoir un physique plus qu'agréable. Nombre de femmes se retournaient sur son passage, pour ne pas perdre une miette de ce visage d'ange aux yeux verts pénétrants, encadré de boucles soyeuses d'un noir de jais. Quand il se mettait à sourire, c'était pire ! Il dévoilait une dentition parfaite, qui aurait fait pâlir de jalousie un aspirant comédien passant un casting pour un dentifrice. Une légère fossette se creusait dans sa joue gauche, accentuant encore son charme naturel.

En plus de cette beauté arrogante, tout souriait à Thibaud. Cet élève plus que médiocre au lycée avait trouvé sa voie en se tournant vers Internet.

Il s'était formé en autodidacte à la programmation mais aussi au marketing et à la gestion de projets, forçant l'admiration de ses proches. Puis un beau jour, il avait annoncé que la petite start-up qu'il avait créée tout seul six mois auparavant venait de dépasser les 500 000 euros de chiffre d'affaires. Il n'en sembla même pas surpris, seulement satisfait.

Ainsi, à tout juste trente ans, le jeune Toulousain avait déjà un compte en banque plus que bien fourni, qui lui valait les plus mielleux sourires de son banquier à chaque fois qu'il mettait un pied – chaussé de cuir italien – dans l'établissement.

En ce soir de 7 décembre 2014, ce n'est toutefois pas à la banque qu'il se trouvait mais au Cosmopolitain, sa discothèque préférée, qu'il avait privatisée pour y fêter dignement son anniversaire. Quelque cent personnes, étaient conviées, parmi lesquelles de nombreuses jolies jeunes femmes, dont plusieurs avaient déjà fini dans son lit. Pour l'heure, la soirée se déroulait exactement comme il l'avait imaginée. Le champagne coulait à flot, les décibels aussi et tout le monde semblait prendre du bon temps. Il avisa Marcus, qui avait l'air de tenter une approche avec une belle brune puis vit un de ses anciens copains de lycée, en pleine discussion avec son directeur commercial. Il sourit en voyant trois de ses ex discuter ensemble avec des airs de conspiratrices à la même table, autour d'une bouteille de Dom Pérignon. Il espérait qu'elles n'étaient pas en train d'échanger leurs points de vue sur ses performances au lit !

Lui-même papillonnait d'un groupe à l'autre, son verre à la main, se mêlant aux conversations, faisant un petit tour sur la piste de danse lorsqu'un morceau lui plaisait.

Vers deux heures du matin, sous les applaudissements des invités, deux serveurs en costume noir firent leur entrée, portant un superbe – et visiblement très lourd ! – gâteau d'anniversaire, jusqu'à une table dressée sur une estrade. Marcus avait espéré en voir jaillir une femme dénudée mais il n'en fut rien. Spontanément, tout le monde se mit à entonner un tonitruant "Joyeux anniversaire", auquel Thibaud mit fin d'un signe de la main.

— Merci à tous, mes amis, d'être venus ici ce soir. J'espère que vous vous amusez bien.

— OUAAAIISS !

— Je vous remercie pour tous les cadeaux exceptionnels que j'ai reçus de votre part cette semaine. Surtout toi, Marcus, pour ce dérouleur de papier toilette qui dit : "Oh oui, encore", dès qu'on enlève une feuille du rouleau.

Rires et sifflets fusèrent. Marcus gloussa.

— Plus sérieusement, cette soirée ne serait pas aussi réussie si vous n'étiez pas là, et surtout, si une personne parmi vous n'était pas là...

Il fit un signe de la main en direction d'une jeune femme menue qui se tenait dans l'ombre sur le côté, afin qu'elle monte le rejoindre. Elle gravit les trois marches qui la séparaient de lui et salua timidement l'assistance. Jusqu'alors, nombre des invités n'avaient même pas remarqué la présence de cette femme à l'allure juvénile, dont le visage poupon, à peine maquillé, tranchait avec celui des nombreuses femmes d'âge plus mûr qui lui faisaient face en cet instant. Ses vêtements contribuaient eux aussi à lui conférer une allure d'étudiante : petit top noir à bretelles orné d'une grosse étoile en strass, pantalon taille basse laissant entrevoir le bas de son dos nu et baskets compensées.

— Pour ceux qui ne la connaîtraient pas encore, voici la femme qui partage ma vie depuis quatre mois maintenant : Pauline.

— Bonjour Pauline ! hurlèrent en chœur quelques voix mâles enivrées au fond de la salle.

— Et un bonheur n'arrivant jamais seul, je profite de cette occasion pour vous faire part d'une super nouvelle : je vais être papa !

De part et d'autre, de nouveaux applaudissements s'élevèrent tandis que Thibaud déposait un baiser sur les lèvres de sa compagne mais la plupart des invités, qui connaissaient bien l'énergumène, étaient trop estomaqués pour manifester quoi que ce soit.

— Thibaud papa ? Alors ça, ça me troue le cul, lâcha Marcus à son voisin, en l'occurrence le frère du fêté.

— Comme tu dis, répondit celui-là. Lui qui a toujours dit que les mioches, c'était pas son truc, que ça chouinait tout le temps, qu'il n'avait aucune envie de changer les couches d'un nourrisson.

— Il était même hyper catégorique. Il m'avait dit que si un jour il mettait une fille enceinte, il lui donnerait ce qu'il faudrait pour qu'elle se fasse avorter.

— Faut croire que la trentaine l'a assagi !

— Faut croire.

Thibaud coupa maladroitement quelques parts du gâteau d'anniversaire, avant d'être relayé par les employés du traiteur. Plusieurs invités le regardèrent ensuite s'éloigner, son assiette à la main, avec la future maman, en direction du salon VIP.

Ce fut la dernière fois qu'on le vit vivant.

L'ENQUÊTE

Le Cosmopolitain était l'un des plus célèbres lieux de la nuit branchée toulousaine. On repérait l'endroit de loin, avec ses deux faisceaux laser qui zébraient le ciel nocturne. Un peu comme un phare guide les marins dans la nuit, ces lumières montraient le chemin à la jeunesse dorée de la Ville rose. Le capitaine Robin n'y avait quant à lui jamais mis les pieds. Tout juste connaissait-il l'endroit de nom. Ce ne furent donc pas les lasers qui le menèrent à bon port mais le bon vieux GPS de sa voiture banalisée.

Il fut accueilli au guichet du Cosmopolitain par un brigadier, qui lui fit un rapide topo.

– *Merci brigadier. Cela fait longtemps que vous êtes arrivés sur les lieux ?*

– *Environ une demi-heure monsieur, c'est-à-dire vers 3 h 30. Bien sûr, on a gardé tout le monde au chaud mais il y a déjà un certain nombre de personnes qui avaient quitté la soirée lorsqu'on est arrivés.*

– *Comment se fait-il que personne n'ait rien vu ?*

– *Cela s'est passé dans le salon VIP. Les invités dansaient, personne ne s'est inquiété de l'absence de la victime.*

– *Qui vous a alerté ?*

– *Marcus Mauriac, un ami de Thibaud Juillard. Il est venu frapper à la porte du salon, personne n'a répondu et il est entré. Il n'a pas été déçu le pauvre. C'est un vrai carnage…*

– *Allons voir ça,* fit le capitaine en poussant la porte de la discothèque.

Dans la lumière crue des néons qui avaient été allumés, la salle avait tout perdu de sa superbe. Les fauteuils en velours, du plus bel effet sous la lumière noire, étaient maculés de taches louches, le vernis des tables basses s'écaillait, le revêtement mural, griffé par endroits, se décollait dans les coins. Les danseurs, eux aussi, se révélaient sous un jour beaucoup moins flatteur : cheveux collés par la sueur, rimmel dégoulinant, joues luisantes, regards hagards. Robin se fit conduire au salon VIP. Effectivement, le brigadier n'avait pas menti. Un vrai massacre !

Le corps méconnaissable, ensanglanté de la tête aux pieds, de Thibaud Juillard gisait sur un canapé au milieu d'une mare sombre. Sur la table basse, des cadavres – de bouteilles cette fois – s'alignaient en rang serré, tandis que plusieurs assiettes dorées formaient une pile instable. Dans celle du haut, une part de gâteau à la crème s'affaissait dangereusement. Au milieu de tout ce désordre, une flûte remplie de champagne continuait de buller mollement, comme si la mort n'avait pas sonné le glas de fête. Au-dessus du canapé, sur un large miroir qui recouvrait tout le mur du fond, on pouvait lire ce mot, rageusement gribouillé en énorme, avec ce qui semblait être du rouge à lèvres : SALAUD.

Le ton était donné. Sans même savoir que Thibaud Juillard multipliait les conquêtes amoureuses, le capitaine s'était forgé son opinion : ce crime était l'œuvre d'une femme très, très, très en colère. Plus que le rouge à lèvres, c'était l'acharnement dont on avait fait preuve qui ne mentait pas. Formidable, se dit-il en regagnant la salle de danses, cela ne nous laisse « que » cinquante suspectes. La nuit allait être longue.

Heureusement, il pouvait compter sur une équipe efficace. Pendant que l'un des policiers s'attachait à relever les indices dans le salon VIP, un autre procédait au prélèvement buccal d'échantillons d'ADN des personnes présentes. Les deux derniers recueillaient les témoignages des invités. Robin, quant à lui, se chargea du personnel de la discothèque, à qui il demanda également les bandes de vidéosurveillance de l'entrée.

Sur indication du gérant de la discothèque, le capitaine s'entretint ensuite avec Marcus, qui avait organisé la soirée avec son ami.

– *Est-ce que par hasard vous auriez la liste complète des invités ?*

– *Oui, chez moi, sur mon ordinateur. Je vous l'envoie dès demain.*

Marcus regarda sa montre.

– *En fait, on est déjà demain. Je vous l'envoie dès que je serai autorisé à rentrer chez moi.*

– *Rassurez-vous, nous en avons bientôt terminé. J'ai juste quelques questions à vous poser. Thibaud Juillard avait-il des ennemis, à votre connaissance ?*

– *Comme je l'ai déjà dit à votre collègue, je ne vois personne en particulier. Vous savez, Thibaud était quelqu'un d'hyper populaire.*

– *Allons, cherchez un peu…*

– *Ben, c'est sûr que son comportement avec les femmes, ça ne lui faisait pas que des amis.*

– *Expliquez-vous ?*

– *Thibaud avait tendance à draguer tout ce qui porte un soutien-gorge. Le problème, c'est que parfois, en plus du soutien-gorge, il y avait aussi une alliance !*

– *OK. Il y avait donc des maris jaloux ?*

– *En général, il faisait suffisamment gaffe pour ne pas se faire choper. Mais il y a quelque temps, il a été pris la main dans le sac par un gus, dont il était en train d'embrasser la femme à un arrêt de bus. Le gars, qui passait par hasard dans la rue, a stoppé net sa voiture, il est descendu et a tenté de mettre un direct du droit à Thibaud.*

– *Que s'est-il passé ensuite ?*

– *Il a esquivé et le type s'est fracassé le poing sur la vitre de l'arrêt de bus. Thibaud m'a raconté l'histoire en rigolant mais c'est sûr que le type, lui, il a dû trouver ça nettement moins drôle. Apparemment, ça s'est quand même terminé à l'hosto, avec des points de suture.*

– *Et vous me disiez qu'il n'avait pas d'ennemis ! Avez-vous vu cet homme ou sa femme ici aujourd'hui ?*

– *Non. Le gars ne risquait pas d'être invité évidemment, quant à la femme, Thibaud l'a larguée juste après.*

– *Et parmi les personnes présentes ce soir, certaines avaient-elles des raisons de lui en vouloir ?*

– *Pas que je sache. Bon, c'est sûr qu'il y a un certain nombre de filles qui n'ont pas dû apprécier l'annonce qu'il a faite au moment du gâteau.*

– *Quelle annonce ?*

Marcus raconta comment Thibaud avait créé la surprise en faisant part de sa future paternité, devant un parterre composé dans une proportion non négligeable d'anciennes conquêtes.

– *Mais de là à le tuer…*, acheva le jeune homme, qui visiblement ne croyait pas le moins du monde à cette possibilité.

– *Rendez-moi service, voulez-vous. Lorsque vous m'enverrez la liste des invités, mettez une croix rouge en regard du nom de chacune des ex de votre ami.*

– *Dans la mesure où je les connais, pas de problème.*

Robin remercia Marcus puis se rapprocha du brigadier qui l'avait accueilli à son arrivée. Il prenait des notes, face à une plantureuse jeune femme rousse au décolleté hallucinant, moulée dans une robe de cuir noir et perchée sur des talons aiguilles qui lui faisaient gagner dix centimètres. Le capitaine laissa le brigadier en finir avec ce témoignage et lui demanda de lui montrer la « future maman », dont Marcus lui avait parlé.

– *En fait capitaine, il semble qu'elle ait quitté la soirée assez tôt. L'une de ses amies l'a vue partir mais elle a été incapable de me dire vers quelle heure. Selon plusieurs témoignages, la future maman, qui s'appelle Pauline Ducreux, s'est plainte d'être très fatiguée, en raison d'insomnies et de nausées. D'ailleurs, elle n'a pas touché à sa part de gâteau, qu'on a retrouvée intacte sur la table basse du salon VIP.*

– *Quelqu'un l'a-t-il appelée, pour la prévenir ?*

– *Aucun des invités n'a osé le faire. Je ne l'ai pas fait non plus, j'attendais vos instructions. Voulez-vous que Loriot et moi, on se rende chez elle dès qu'on aura fini ici ?*

– *Non, je la préviendrai moi-même. De toute façon, nous aurons besoin qu'elle vienne déposer au commissariat.*

– *Et pour les autres, qu'est-ce qu'on fait ?* fit le brigadier en désignant l'assemblée d'un signe de tête.

– *Dès qu'on aura tous les témoignages et tous les prélèvements, on pourra les relâcher.*

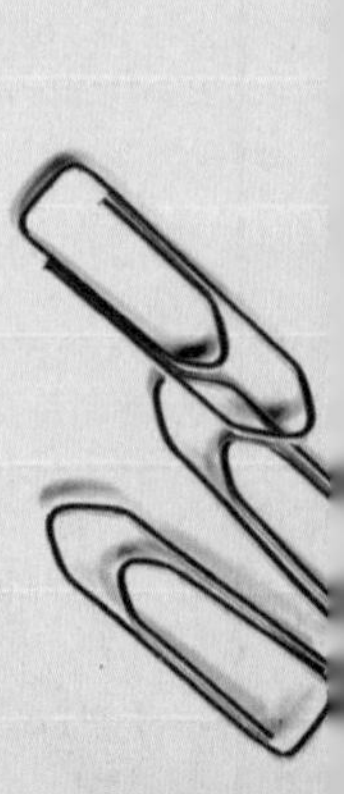

POUR EN SAVOIR PLUS

Si les enquêteurs procèdent régulièrement à des prélèvements buccaux d'ADN à l'aide de cotons-tiges stériles, ils ne sont pas les seuls à utiliser cette technique. De nos jours, n'importe qui peut prélever ses propres échantillons d'ADN, grâce à des kits vendus sur Internet ! Pour environ 180 euros, le client, qui doit remplir un formulaire de consentement, reçoit deux écouvillons salivaires, afin de comparer l'ADN de deux personnes. Une fois la manipulation effectuée, il ne reste plus ensuite qu'à renvoyer le tout au laboratoire pour analyse. Cette démarche est en général engagée dans le cadre d'une recherche de paternité mais on peut aussi chercher d'autres liens de parenté.

L'enquête s'annonçait longue, en raison du grand nombre de suspects potentiels. Robin nourrissait l'espoir que le meurtrier ait laissé sur les lieux un indice formel qui permettrait de l'identifier rapidement. Un médecin légiste fut bien sûr mandaté pour examiner le corps. Plusieurs policiers furent mobilisés de longues heures pour effectuer les recoupements entre les différents témoignages et pour examiner les bandes vidéo. Il y eut de nouvelles dépositions. Celle de Pauline Ducreux ne fut pas d'une grande utilité. Sous le choc, elle ne parvenait pas à aligner deux phrases cohérentes. Elle fut confiée à la psychologue du poste.

Quelques jours plus tard, ce travail de fourmi commença à porter ses fruits. Le capitaine Robin, armé de la liste des invités fournie par Marcus Mauriac, avait réussi à éliminer de la liste des suspects un grand nombre de personnes. Il avait tracé un petit « i », comme innocent, en regard de chacun de leur nom. Il ne lui manquait plus que quelques images de la bande vidéo, trop floues pour être utilisées en l'état, que les techniciens étaient encore en train de retravailler.

L'étau se resserrait, il ne restait plus qu'une poignée de suspects, il sentait qu'il touchait au but.

Ses derniers doutes furent levés le jour suivant, lorsqu'il reçut, juste après les images vidéo, le rapport du légiste, qui notait la présence sur le corps de la victime de « 32 trous hétérogènes, de différents diamètres et de différentes profondeurs, ayant causé une hémorragie fatale à la victime ». Il ajoutait que des fragments de cuir et de plastique avaient été décelés à l'intérieur de certains des orifices.

Le capitaine Robin savait qu'on n'avait pas retrouvé l'arme du crime. Pourtant, il afficha un sourire vainqueur. Il venait de résoudre l'enquête.

Avez-vous la sagacité du capitaine Robin ? Pouvez-vous déterminer qui est l'auteur du crime, quel est son mobile et quelle arme a été utilisée ?

ANNEXES

LISTE DES INVITÉS, ANNOTÉE PAR MARCUS MAURIAC ET PAR LE CAPITAINE ROBIN

A
Adler Aude X i
Aimé David i
Alessi Marco i
Alonso Nadia i
Aubert Arthur i
Aubry Didier i
Azoulay Ayoub
B
Bailly Julien
Barrault Adeline i
Beaumont Ludovic i
Bel PattY X
Benhayoun Simon i
Benseeba Hassine i
Bensoussan Samira i
Berger France i
Bonnet Joséphine i
Bourgeois Nicolas i
Bouvet Lucie i
Boyer Laurent
Brissac Fanny X
Bruges Alban
C
Carreyre Luc
Cartier Henri i
Chardonneret Marie X i
Collins Steve i
Combes Pierre-Etienne i
Combes Véronique i
Cornillac Flavien
Costa Pedro i
D
Da Silva Linda
Derouet Gisèle i
De la Tour Georges i
Desroches Frédéric i
Deutsch Félix i
Doucet Bertrand i
Dubanchet Noémie
Ducreux Pauline
Dufour Jeannette i
Dupont Solène i
Dusse Jean-Claude i
E
Emonet Florence i
Esposito Olivia i
Estevez Paula i
F
Fabioli Luca
Faure Zoé X i
Fischer Sam i
Fontaine Brigitte i
Fontaine Gilles i
Fouché Lila i
Fournier Gaspard i
G
Gagnon Pierre
Garnier Natacha X
Girard Arnaud i
Goldman Basile
H
Hamidou Tayeb i
Hernandez Sofia X
J
Juillard Maxime i
Juillard Thomas i
L
Labanne Béatrice i
Lambert Nathan i
Leblanc Mathieu i
Legrand Karine
Lombard Loïc i
Lombard Lisa i
Lahaye Brigitte i
Lefebvre Anne-Sophie
Lemaire Franck i
Lenôtre Patricia X
Leroy Charlotte X
Loeb Sébastien i
M
Marchand Emmanuel i
Masson Lise i
Matković Yvan i
Marceau Louise
Marceau Pierre i
Mauriac Marius i
Meyer Tristan
Mounier Paul
Moreau Vincent i
Morin Thierry i
Najar Souad i
N
Nakache Yasmina X i
Naymar Jean i
Nemours Jacques i
Nivelle Julie i
Noir Guillaume
P
Pantazi Nikos
Perdrieu Sidonie X i
Perrin Nathalie i
Petit Jean-Claudei
Poussin Nicolas i
Previn Livia X
R
Romero Clara i
Roset Claire i
Rousseau Rémi i
Roux Mireille i
Rubinstein Yael X i
S
Sarfati Sarah
V
Vartan Diane i
Visconti Luigi
W
Williams Olivia X i
Wilson Mary X i

PERSONNE IDENTIFIÉE : BEL PATTY

PERSONNE IDENTIFIÉE : LENÔTRE PATRICIA

IMAGES RESTAURÉES, TIRÉES DE LA BANDE DE VIDÉOSURVEILLANCE

PERSONNE IDENTIFIÉE : PREVIN LIVIA

PERSONNE IDENTIFIÉE : HERNANDEZ SOFIA

TICKET DE CARTE BANCAIRE RETROUVÉ DANS LE PORTEFEUILLE DE THIBAUD JUILLARD

CARTE BANCAIRE
A0000000421010
CB
le 08/12/14 a 02: 55: 09
Franck Morel Traiteur
TOULOUSE

1206588
30F7471620DDE457
591 401 002211
C
MONTANT =265,39EUR
DEBIT
TICKET CLIENT
A CONSERVER

ANALYSE DE LA SUBSTANCE UTILISÉE POUR L'INSCRIPTION SUR LA GLACE DANS LE SALON VI

CENTRE D'ANALYSES ET DE RECHERCHES
DE LA POLICE NATIONALE

Composition :
candelila, carnauba, jojoba, ester de glycérine triglycérides, alcool gras, beurre de karité, huile de ricin, dioxyde de titane, vitamines E et C, oxyde de fer.

Résultat :
Rouge à lèvres BIO de couleur rouge carmin, provenant du tube retrouvé sous le canapé du salon VIP, portant les empreintes de Pauline Ducreux.

SOLUTION PAGE 84

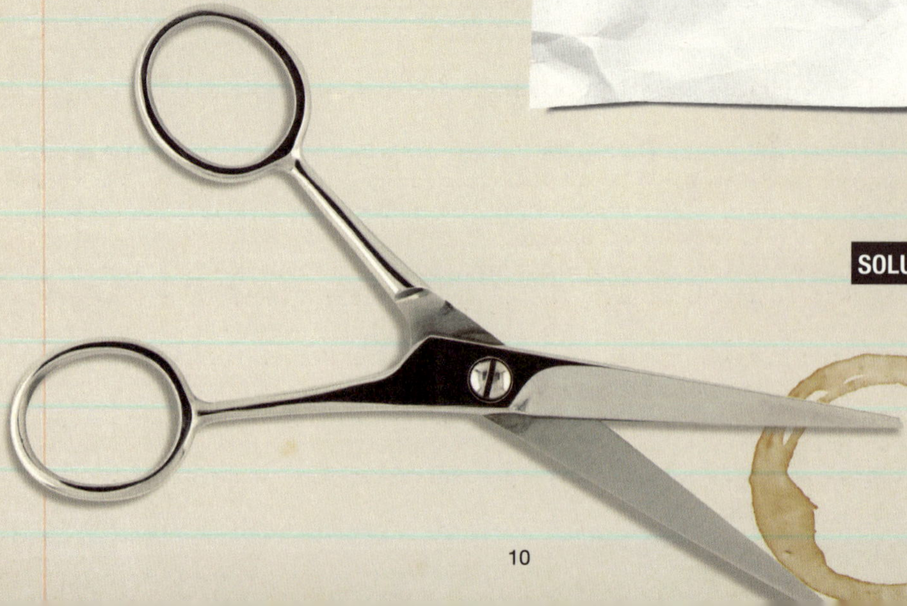

UN DÎNER MORTEL

Les prémisses

Le dîner battait son plein chez Michèle et Hervé Blanc. Il y avait là Carole et Manu, l'ami d'enfance d'Hervé, ainsi que Julie et Guillaume, un couple de voisins charmants avec lesquels les Blanc avaient tôt fait de sympathiser à leur arrivée dans le quartier, cinq ans auparavant. Durant l'entrée, Manu, très gouailleur, avait régalé l'assistance d'anecdotes amusantes concernant l'enfance d'Hervé. Michèle y souriait de bonne grâce, même si elle avait déjà entendu ces histoires plusieurs dizaines de fois. La discussion dériva ensuite sur des sujets plus quotidiens. Guillaume, paraplégique, expliquait les obstacles auxquels il était confronté à chaque fois qu'il voulait faire les courses lui-même, entre les marches à l'entrée des magasins, l'étroitesse de certainess portes et les ascenseurs en panne. Michèle, Julie et Carole échangèrent leurs points de vue sur les maîtresses de l'école :

– Celle de Jules est vraiment trop sévère, fit Carole. Quand je viens le chercher à la sortie, il y a toujours au moins un enfant qui arrive en pleurs parce qu'il a été puni.

– Je me méfie quand même de ce que racontent les enfants, tempéra Julie, qui ajouta néanmoins : il est vrai qu'elle n'a pas la réputation d'être tendre. Mais, je ne l'ai jamais vue moi-même, c'est toujours Chloé, notre baby-sitter, qui récupère les enfants.

– Ne me parle pas de baby-sitter, gronda Carole. La nôtre n'est vraiment pas dégourdie. En plus, elle est toujours en retard. Tu vois bien, rien qu'aujourd'hui par exemple, elle est arrivée 30 minutes après l'heure convenue. Ce genre de choses a le don de me mettre hors de moi ! Et toi Michèle, tu en as une ?

– Oui. C'est une étudiante. Elle prépare le concours pour devenir instit, justement.

– Et elle est bien ?

– Elle est très gentille avec les enfants. Rien à dire de ce côté-là, hein Hervé ?

– Euh, je ne sais pas trop, bafouilla Hervé, brutalement tiré de sa discussion politique avec Guillaume. Je n'ai pas vraiment affaire à elle, c'est plutôt toi. Moi je ne fais que la raccompagner. De toute façon, ça fait un certain temps qu'on n'a pas fait appel à elle.

– C'est vrai, la dernière fois, c'était pour aller au théâtre, il y a trois semaines, rappela Michèle, qui continua en soupirant : on n'est pas sortis depuis.

– C'est parce que c'est l'époque des bilans, justifia Hervé. Promis, dès que c'est passé, je t'emmène en week-end à La Baule !

– Fais attention Hervé, il y a des témoins, fit Julie en plaisantant. Tu as intérêt à tenir tes engagements !

– En attendant, monsieur le romantique pourrait peut-être descendre faire un tour à la cave, nos verres sont vides, remarqua Michèle, en se levant pour aller chercher le fromage.

– Tu as tout à fait raison chérie, je manque à tous mes devoirs.

Hervé sortit de la pièce avec une courbette en direction de la table :

– Que nos invités veuillent bien m'excuser quelques instants.

En fait de quelques instants, près de quinze minutes après, Hervé n'était toujours pas reparu. Michèle s'apprêtait à aller le chercher, plaisantant sur le fait qu'il avait dû se perdre au milieu des bouteilles mais Carole la retint d'un geste :

– Laisse, j'y vais. Tu n'as pas arrêté depuis que nous sommes arrivés. Reste tranquille.

– Merci, fit Michèle avec un sourire las.

Lorsque Carole revint quelques instants plus tard, toute couleur avait quitté ses joues, d'habitude joliment rosées.

– Eh bien que se passe-t-il ? demanda son mari, on dirait que tu as vu un cadavre.

Carole étouffa un cri :

– Tu ne crois pas si bien dire. C'est Hervé. Il est mort.

L'ENQUÊTE

La sonnerie du téléphone résonna dans le silence de la nuit. Le capitaine Becquet enfouit la tête dans son oreiller jusqu'à ce qu'elle cesse. Mais elle reprit de plus belle moins d'une minute plus tard. Il décrocha, rageur :

– *Qui que vous soyez, sachez que vous venez de ruiner les effets laborieux de deux somnifères et d'un verre de whisky 18 ans d'âge.*

– *Désolé capitaine,* fit une voix qui ne semblait en réalité pas plus désolée que cela. C'est Blanchart. Il faut que vous veniez.

– *Sans blague,* fit le policier, en s'asseyant péniblement au bord de son lit. *Qu'est-ce qui mérite que je quitte ma délicieuse couette et cette jeune femme non moins délicieuse que j'ai réussi à convaincre de me suivre jusqu'ici ?*

– *Un meurtre, monsieur. Pas joli joli, en plus de ça.*

– *Ah bon, parce qu'il y a des meurtres qui le sont ?*

– *Quoi donc ?*

– *Jolis.*

– *Euh...*

– *Bon, laissez tomber Blanchart. Donnez-moi l'adresse.*

Le policier saisit un calepin posé sur son chevet, griffonna quelques mots à la hâte et se leva pour rassembler ses vêtements, disséminés ça et là au pied du lit. Il s'habilla machinalement et quitta la pièce en jetant un dernier regard à la courbure de reins de Laetitia. Ou était-ce Samantha ?

Le capitaine sonna à la porte dans la demi-heure qui suivit la macabre découverte de Carole à la cave. Un policier en uniforme avait déjà rejoint la cave pour procéder aux relevés d'usage, tandis qu'un autre se tenait dans la salle à manger, où les convives s'étaient machinalement rassis, chacun devant son assiette. Un magnifique plateau de fromages intact trônait au milieu de la table. En d'autres circonstances – et à une autre heure ! – Becquet aurait bien fait un sort au saint-félicien crémeux qui dégoulinait sur le verre poli.

– *Mesdames et messieurs, je suis le capitaine Becquet, de la brigade criminelle de Lyon. Tout d'abord, je vous adresse mes plus sincères condoléances suite à la mort tragique de monsieur...* il consulta son calepin...

POUR EN SAVOIR PLUS

La Police nationale est divisée en quatre corps. Le corps de commandement est composé de cadres, qui mènent des missions d'investigation, de renseignement et conduisent des enquêtes, en tant qu'officiers de police judiciaire. Ils travaillent en uniforme ou en civil. Ce corps comprend trois grades : lieutenant de police, capitaine de police et enfin commandant de police. Le grade d'inspecteur n'existe plus en France aujourd'hui.

Blanc. *Même si vous êtes sous le choc, ce qui peut se comprendre, vous imaginez bien que je vais tous devoir vous interroger, un à un. Vous ne devrez pas quitter cette pièce jusqu'à ce que j'en ai terminé. Il ne faudrait pas que vous compromettiez l'enquête en laissant vos traces partout dans la maison. En attendant, vous pouvez… eh bien, passer au fromage, si vous le souhaitez !*

Aucun des convives n'eut la force de rétorquer quoi que ce soit, malgré le manque de tact manifeste de ce capitaine débraillé. Comment ce malotru pouvait-il leur suggérer de poursuivre leur dîner comme si de rien n'était, alors que le corps d'Hervé encore chaud gisait à quelques mètres de là ? Carole, que le manque de savoir-vivre révoltait plus que tout, bouillonnait intérieurement. Pourtant, lorsque le policier demanda qui voulait commencer, elle se proposa, en levant une main qu'elle voulait assurée et en affichant son sourire le plus convaincant.

À ce moment-là, Grégoire Meunier, le policier qui avait inspecté la cave, fit irruption. Becquet le salua, s'abstenant de serrer sa main gantée de latex. C'était un bleu, frais émoulu de l'école de Police, arrivé seulement quinze jours auparavant dans le service. Toujours impeccablement rasé, il avait le don de taper sur les nerfs de Becquet, avec sa tête de premier de la classe et son enthousiasme de débutant. Sans que Becquet sache très bien pourquoi, il avait réussi à s'attirer les bonnes grâces du commissaire, qui avait exigé de ses hommes qu'ils lui donnent dès le début des responsabilités. D'où sa présence dans la cave ce soir. Becquet, quant à lui, avait dans l'idée que ce gars n'était pas à la hauteur, du moins, pas encore. Ce qui suivit ne fit que le confirmer dans ses positions.

Au lieu de prendre le capitaine à part, Meunier s'exclama assez fort pour que toute l'assemblée l'entende :

– *Capitaine, j'ai fini d'inspecter la cave. Et ce que je peux vous dire, c'est que cette mort est tout, sauf accidentelle ! Ce n'est pas une chute qui a tué la victime, ça c'est sûr.*

– *Merci lieutenant d'avoir fait part à tout le monde,* Becquet insista sur ces mots, DE VOS PERTINENTES CONSTATATIONS.

Le jeune policier comprit qu'il venait de commettre un impair. Son premier. Il baissa les yeux face au regard noir de son supérieur.

– *Bon, eh bien on dirait que l'un de vous a des choses à cacher,* lança Becquet face aux convives, qui se fixaient les uns les autres avec des regards horrifiés.

Le capitaine demanda à Carole Favier de le suivre pour pouvoir l'interroger. Il se dirigea vers la cuisine, où il se prépara tranquillement un café, comme s'il s'était trouvé chez lui. Comme Carole le fixait avec un regard réprobateur, il sourit crânement en lui demandant :

– *Vous en voulez un vous aussi ?*

– *Non !* hurla-t-elle malgré elle. *Je veux dire, non merci,* reprit-elle, à voix beaucoup plus basse. *Peut-on en finir au plus vite s'il vous plaît ?*

– *Pourquoi,* fit le policier, agacé, *vous avez un train à prendre ?*

– …

– *Alors,* reprit-il en s'asseyant, non sans faire

grincer les pieds de sa chaise sur le carrelage. *Nom, prénom, âge, mensurations,* demanda-t-il d'un ton administratif.

Carole sentit ses joues s'empourprer.

– *Bon OK, pour les mensurations, ce n'est pas obligé,* fit Becquet, que l'air pincé de son interlocutrice amusait.

– *Favier. Carole. 35 ans.*

– *Quels étaient vos liens avec la victime ?*

– *Hervé était le meilleur ami de mon mari. Ils se connaissaient depuis la maternelle.*

– *Et vous ?*

– *Moi ?*

– *Quels étaient vos rapports avec Hervé Blanc ?*

– *Nous avions de bons rapports.*

– *Sexuels ?*

Becquet avait vraiment envie de s'amuser.

– *Mais non pas sexuels !* s'offusqua la jeune femme, dont la voix montait désagréablement dans les aigus.

– *Pardon, pardon, je suis taquin… Reprenons. À quelle heure la victime est-elle sortie de la salle à manger ?*

– *Eh bien, nous venions de finir le canard laqué. Il devait être, disons, 22 h 30. Nous allions passer au fromage quand Michèle s'est rendu compte qu'il n'y avait plus de vin sur la table. Elle a demandé à Hervé d'aller en chercher à la cave.*

– *Et ensuite ?*

– *Mon mari et Guillaume en ont profité pour sortir « prendre l'air », comme ils ont dit. En fait, ils sont allés fumer dehors.*

– *Quelqu'un d'autre a quitté la table ?*

– *Oui, Michèle est partie chercher le fromage à la cuisine.*

– *Il ne restait donc plus que Julie Michaux et vous dans la pièce ?*

– *Oui, enfin au début. Ensuite, le portable de Julie a sonné et elle a quitté la pièce pour prendre l'appel.*

– *Personne ne peut donc confirmer que vous êtes restée dans la salle à manger à ce moment-là ?*

– *Non, en effet,* fit la jeune femme d'une voix blanche. *Dites, inspecteur, vous ne croyez quand-même pas que c'est moi qui…*

– *Et, c'est vous qui avez trouvé le corps n'est-ce pas ?*

À l'idée que ce policier pût avoir une idée derrière la tête, Carole perdit le contrôle de ses nerfs. Ses mains se mirent à trembler comme des feuilles mortes dans la tempête.

– *Oui c'est moi. J'ai juste voulu rendre service à Michèle…*

Elle s'effondra en pleurant.

Le capitaine n'avait jamais aimé les geignardes. Il mit fin à l'entretien. Peu disposé à supporter les pleurs de la veuve éplorée, il interrogea d'abord les deux hommes, chacun à leur tour. Ils confirmèrent tous les deux la version de Carole Favier. Lorsque Becquet demanda à Manu Favier si quelqu'un parmi les personnes présentes avait des raisons d'en vouloir à la victime, il répondit par la négative. Il fit de même lorsque Becquet s'enquit d'une éventuelle liaison de son ami, avec l'une des femmes présentes ou avec une autre.

– *Que diriez-vous des rapports entre la victime et son épouse ?*

– *Michèle et Hervé s'entendaient très bien. C'était même un couple modèle pour beaucoup de monde. Jamais de disputes, toujours prévenants l'un avec l'autre. Michèle râlait un peu ces derniers temps en reprochant à Hervé de rentrer de plus en plus tard le soir. Mais elle sait bien qu'à l'époque des bilans, c'est un peu inévitable. Pendant un mois, on dort presque au bureau ! Je suis bien placé pour le savoir, je suis expert-comptable moi aussi, dans le même cabinet qu'Hervé.*

Julie Roche n'apprit rien de plus à l'enquêteur. Elle avait bien reçu un appel de sa baby-sitter durant le dîner et était sortie de la salle à manger pour répondre. Elle tendit son portable au policier, qui put constater qu'il y avait bien trace d'un appel de 4,22 minutes à 23 h 07.

Il termina la série d'entretiens – à ce stade, il ne s'agissait pas encore d'interrogatoires – avec l'épouse de la victime. C'était une très belle femme, que même ses yeux rougis par les pleurs et ses traits tirés ne parvenaient pas à enlaidir. Grande, fine, de longs cheveux châtain qui encadraient délicatement un visage gracieux, elle incarnait l'image même que le capitaine se faisait de l'élégance. Si on le lui avait demandé, il aurait dit qu'elle avait du chien. Mais personne ne le lui demanderait et d'ailleurs, c'était lui qui était censé poser les questions en l'occurrence. Il commença donc par les banalités d'usage, auxquelles la jeune femme répondait docilement et comme mécaniquement. Ce n'est que lorsqu'il arriva à des questions plus intimes, notamment sur les rapports qu'elle entretenait avec son époux, qu'elle s'anima enfin :

– *Quand je pense qu'il y a un an tout juste, nous fêtions nos dix ans de mariage en Chine. Nous étions partis tous les deux, en amoureux. Nous avions laissé les enfants à mes parents. Le canard laqué, au dîner, c'était un clin d'œil, une façon de raviver ce moment exceptionnel que l'on avait vécu ensemble. Et maintenant, il est…*

Elle ne put achever sa phrase. Contrairement à ce que Becquet avait craint, elle ne pleura pas mais son beau visage se ferma complètement, ses yeux semblèrent se couvrir d'un voile et le capitaine ne put rien en tirer de plus. Il se dit que cette femme semblait vraiment amoureuse de son époux et se mit à penser à la jeune beauté qu'il avait laissée dans son lit. Rien à voir. Comme si sa vie de flic l'avait condamné aux histoires merdiques, sans lendemain.

Il chassa cette désagréable pensée de son esprit, se leva et reconduisit la maîtresse des lieux auprès de ses amis.

– *Je vous remercie tous d'avoir répondu à mes questions. Vous vous en doutez, maintenant, il va falloir qu'on enquête, pour comprendre ce qui s'est passé ici ce soir. Je vous demanderai donc de rester dans le coin, de nous avertir si vous devez quitter Lyon, et de vous tenir à la disposition de la police. Nous aurons peut-être d'autres questions à vous poser. Pour l'heure, vous pouvez rentrer chez vous. Madame Blanc, mes deux collègues ici présents vont rester ici jusqu'à demain matin, où une autre équipe les relaiera. Avez-vous des amis ou de la famille chez qui vous pourriez passer la nuit ?*

Hébétée, l'intéressée ne réagit pas.

– *Si vous le souhaitez, je peux vous déposer quelque part… chez un proche ou à l'hôtel,* poursuivit-il.

Comme si elle reprenait subitement ses esprits, elle répondit :

– *Je vous remercie, capitaine. Je crois que je préfère rester ici. De toute façon, je n'arriverai pas à dormir. Et puis…,* elle se tourna vers les autres, *l'un de mes « amis » est vraisemblablement l'assassin de mon mari. Comment pourrais-je me réfugier chez eux ?*

C'était imparable. À ces mots, les deux couples se levèrent sans mot dire et prirent congé. Le capitaine ne tarda pas à en faire autant, pressé de retrouver la belle blonde endormit. à condition qu'elle y soit toujours ! Quand arrivé chez lui, il se glissa sous la couette, elle se blottit contre lui en murmurant :

– *Tu étais où ? Tout va bien ?*

– *Parfaitement bien,* répondit-il en caressant ses cheveux.

Et c'était vrai. Le temps viendrait bien assez vite de résoudre cette enquête.

Quant à vous, avez-vous trouvé le coupable, son mobile et l'arme du crime ?

PHOTO PRISE
PAR JULIE ROCHE
AVEC SON TÉLÉPHONE PORTABLE À 21 H 12

RELEVÉ DES APPELS SORTANTS PASSÉS DEPUIS LE TÉLÉPHONE PORTABLE D'HERVÉ BLANC – DANS LA SEMAINE PRÉCÉDANT LE MEURTRE (DU 15.11.14 AU 21.11.14)

Date	Heure	Numéro	Durée de l'appel
21.11.14	18 h 55	06 74 56 78 24	4'05"
21.11.14	14 h 33	04 45 67 83 90	17'32"
21.11.14	11 h 45	06 23 45 67 83	11'49"
21.11.14	9 h 12	09 56 48 93 44	8'21"
20.11.14	15 h 45	09 56 48 93 44	3'11"
20.11.14	12 h 54	04 56 77 01 23	2'50"
20.11.14	10 h 22	06 74 56 78 24	8'01"
19.11.14	20 h 18	06 66 57 48 28	12'37"
19.11.14	17 h15	09 56 48 93 44	1'29"
19.11.14	16 h 43	04 57 68 92 11	6'37"
18.11.14	15 h 52	04 57 39 00 56	32'15"
18.11.14	12 h 32	06 74 56 78 24	6'02"
18.11.14	11 h 13	06 23 45 67 83	13'23"
18.11.14	11 h 02	09 56 48 93 44	4'55"
18.11.14	9 h 07	06 78 39 04 32	17'28"
17.11.14	18 h 40	06 54 38 29 00	3'44"
17.11.14	16 h 02	04 57 68 30 28	1'55"
17.11.14	12 h 02	06 57 48 02 12	8'57"
17.11.14	11 h 29	09 56 48 93 44	2'56"
16.11.14	13 h 16	04 57 68 30 28	3'12"
16.11.14	10 h 11	06 74 56 78 24	8'56"
16.11.14	9 h 12	06 45 39 02 89	18'45"
15.11.14	19 h 40	06 75 48 22 23	24'34"
15.11.14	17 h 12	06 23 45 67 83	9'27"
15.11.14	15 h 15	06 74 56 78 24	14'10"
15.11.14	11 h 34	06 57 48 02 12	3'39"
15.11.14	10 h 50	04 57 10 00 03	6'27"

EXTRAIT DU RAPPORT DU DOCTEUR PHILIPPE MOREL, MÉDECIN LÉGISTE MANDATÉ PAR LE PROCUREUR.

« Le corps de la victime ne portait aucun hématome ni aucune trace de coup, ce qui exclut l'hypothèse d'une chute dans l'escalier de la cave et celle d'une lutte contre un agresseur.

Cause du décès : La mort a été causée par un coup porté de face, par un objet très long et effilé dans la portion antéro-inférieure du médiastin de la région thoracique, atteignant le muscle cardiaque, lequel a immédiatement cessé de fonctionner.

Arme du crime : L'orifice d'entrée de l'arme du crime, ainsi que la forme et la taille de la plaie, m'amènent à conclure que cette arme mesure au moins vingt centimètres de long et a une forme cylindrique (Ø : 0,4 centimètre) ».

RÉPERTOIRE TÉLÉPHONIQUE D'HERVÉ BLANC

Barrault Jacques (conseiller bancaire) : 04 45 67 83 90
Blanc Camille (sœur d'Hervé Blanc) : 06 45 39 02 89
Blanc Jacqueline (mère d'Hervé Blanc) : 04 57 39 00 56
Blanc Michèle : 06 74 56 78 24
Blanc Pierre (frère d'Hervé Blanc) : 06 78 39 04 32

Dubois Maximilien (kiné) : 04 57 68 30 28

Favier Carole : 06 77 84 93 21
Favier Manu : 06 23 45 67 83

Ferraud Gilles (dentiste) : 04 57 68 92 11

Garagiste : 04 57 10 00 03

Hébert Claire (baby-sitter) : 06 57 48 02 12

Mauriac François (généraliste) : 04 57 09 09 23
Partre Colin (ami d'Hervé) : 06 75 48 22 23
Roche Guillaume : 06 66 57 48 28
Roche Julie : 06 54 38 29 00

Secrétariat du cabinet : 09 56 48 93 44
Tennis club : 04 56 77 01 23

Campan Bernard (vétérinaire) : 04 58 33 46 76

SOLUTION PAGE 85

ULTIME K.O. DANS LES CORDES

Les prémisses

Martial Vidard était concentré. Les yeux rivés sur le ring, il agitait nerveusement sa jambe droite, de plus en plus frénétiquement à mesure que le combat progressait. Ce fan de la première heure scrutait le moindre coup porté par sa championne, Lindsay Couperet, à son adversaire, l'Allemande Ludmila Schulz. Depuis ce jour de mai 2010 où il l'avait vue remporter le titre régional à Caen, il n'avait raté aucun combat de la jeune Normande, qui avait tôt fait de se tailler une place de choix au sein de la boxe féminine, remportant avec une facilité déconcertante la très grande majorité de ses matchs. En 2013, la jeune femme, auréolée de victoires en amateur, était passée professionnelle. Aujourd'hui, elle se battait pour remporter le titre, dans la catégorie poids plume, de la World Boxing Association, la plus ancienne association professionnelle de boxe au monde, qui avait, comme les autres, ouvert ses portes aux femmes après pas mal de réticences. L'issue du combat s'annonçait serrée, compte tenu de l'excellent niveau des deux adversaires et la tension était palpable dans les cordes mais aussi dans les rangs des spectateurs. Lindsay n'avait pas réussi à esquiver un méchant uppercut dans le round précédent, qui avait atteint de plein fouet sa mâchoire, la faisant vaciller dangereusement. Mais elle avait tenu le choc et était repartie à l'assaut, avec plus de hargne encore que précédemment. La minute de repos sifflée par l'arbitre peu de temps après lui avait été salutaire et lui avait permis d'aborder le septième round plus sereinement. L'Allemande, quant à elle, commençait visiblement à fatiguer. Ses coups se faisaient un peu moins précis, ses mouvements un peu plus lents. Ces changements, à peine perceptibles pour le profane, donnaient de l'espoir aux supporters de la Normande, Martial Vidard le premier. Ayant malencontreusement baissé sa garde après un crochet de la Française, elle ne parvint pas à esquiver un direct court, puis un overhand. Ce coup de poing plongeant sembla la sonner. Cependant, son adversaire ne lui laissa pas de répit. Elle lui asséna un direct long du bras arrière, qui l'envoya pour de bon au tapis. L'arbitre commença à compter : 1, 2, 3, 4... Ludmila Schultz tenta de se redresser, en agrippant les cordes de ses mains gantées. En vain. Au terme d'un décompte qui sembla durer une éternité à Martial, l'arbitre lança un 10 sonore, puis s'en alla saisir le poignet de la gagnante. Le jeune fan n'osait y croire : Lindsay Couperet était championne du monde ! Comme dans un rêve éveillé, il se leva et se mit à battre des mains aussi fort qu'il en était capable, en hurlant : "Lindsay, tu es la meilleure. Je t'aime !" Ces cris furent couverts par ceux des autres spectateurs, si bien que la jeune championne, dont il avait espéré un regard, salua dans sa direction sans même le voir.

Lorsqu'elle quitta la salle sous les acclamations du public, Martial Vidard se laissa porter en direction de la porte ouest par le flot humain des

spectateurs, ravis d'avoir assisté à une rencontre de haute volée. La boxe féminine semblait enfin avoir acquis la légitimité qui lui avait si longtemps fait défaut, n'en déplaise à certains dinosaures de la Fédération française. Preuve de l'intérêt que la discipline suscitait chez les amateurs de boxe, la finale féminine du WBA avait été organisée pour la première fois de son histoire dans la prestigieuse Copper Box. Cette enceinte sportive, construite à l'occasion des Jeux olympiques d'été de Londres en 2012, pouvait accueillir près de 7 000 spectateurs. Et à ce que Martial Vidard avait pu en juger, la salle était pleine à craquer ce soir.
Tandis que la plupart des spectateurs présents allaient s'en retourner chez eux après un ou deux verres, le jeune supporter, lui, avait d'autres projets. Il comptait bien faire usage du pass que l'entraîneur de Lindsay Couperet lui avait envoyé, eu égard à sa position de fan numéro un, position qu'il se disputait quand même avec d'autres, même s'il refusait de l'admettre. Il pourrait ainsi aller féliciter en personne la nouvelle championne du monde du WBA. Il patienta un temps qui lui sembla raisonnable, pour laisser à Lindsay le temps de prendre sa douche, puis se dirigea vers les vestiaires des sportifs. Il exhiba non sans fierté son pass au molosse de la sécurité, qui s'écarta de la porte pour le laisser passer. Il faillit percuter un homme à casquette qui marchait à vive allure dans la direction opposée. Il n'y avait plus qu'un couloir qui le séparait de son héroïne.
Il frappa à la porte, attendit quelques instants puis frappa à nouveau. Aucun bruit. Il tourna la poignée et la porte s'ouvrit sans bruit. Il appela Lindsay mais personne ne lui répondit. Il s'avança plus avant, en direction des casiers et c'est là qu'il vit le visage bleu de sa championne, dont les yeux semblaient le fixer par-delà la mort.

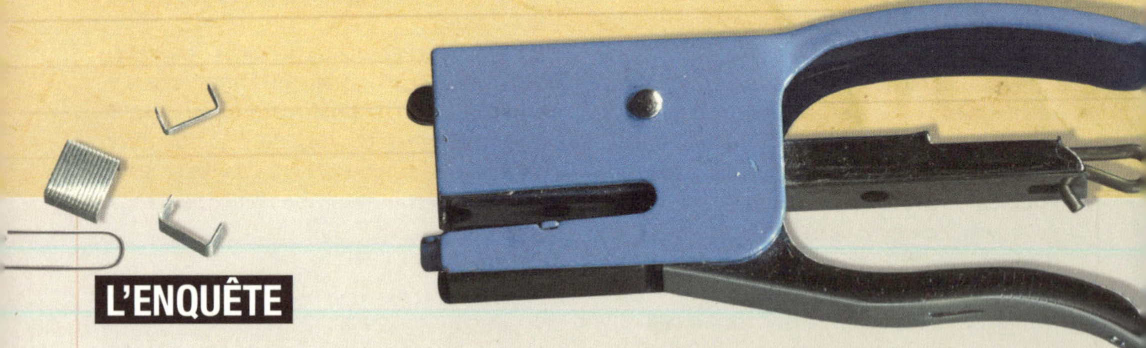

L'ENQUÊTE

Sir David McCarthy, chef du service métropolitain de police de Scotland Yard, s'était déplacé en personne. En haut-lieu, on le savait efficace et discret, deux qualités qui seraient appréciables pour mener l'enquête, le meurtre ayant été perpétré durant une compétition internationale, alors même que les ministres des Sports allemand et britannique se trouvaient dans la salle.

Arrivé dans les vestiaires, il sortit un mouchoir de sa poche et se le plaqua sur le nez et la bouche, incommodé par les odeurs âcres de sueur qui flottaient dans l'air. Il se pencha vers la morte, examina sans s'attarder le visage bleu, dont les yeux avaient été clos. Il passa ses doigts gantés de latex sur le profond sillon qui creusait le cou de la victime à la base de la tête. Il se releva et déclara, en direction du policier qui l'accompagnait :

POUR EN SAVOIR PLUS

Le Metropolitan Police Service, dont le nom est souvent abrégé en « The Met », est la force territoriale de police en charge du Grand Londres. Il n'emploie pas moins de 31 000 personnes, pour un total de 180 commissariats. Son quartier général n'est autre que New Scotland Yard à Westminster. Ce pendant britannique du siège de la police judiciaire parisienne, installé au célèbre 36, quai des Orfèvres, a succédé à Scotland Yard, dont la création remonte à 1829. Le mot « New » a été ajouté au nom du QG en 1890, lorsqu'il a déménagé pour s'installer sur Victoria Embankment. En 1967, New Scotland Yard a investi un immeuble de 22 étages sur Victoria Street.
L'édifice a été mis en vente en septembre 2014 pour la modique somme de 250 millions de livres sterling. Avis aux acquéreurs !

– *Bien, je crois que la cause du décès ne fait guère de doute.*

Jetant un œil aux effets rangés dans le casier métallique de la victime, dont la porte était grande ouverte, il ajouta, énigmatique :

– *J'ai aussi ma petite idée en ce qui concerne l'arme du crime. Embarquez-moi tout ça au bureau. Trouvez-moi aussi l'homme chargé de la sécurité des vestiaires, je souhaiterais l'interroger.*

Dix minutes plus tard, Sir David McCarthy allongeait ses longues jambes maigres sous le bureau du directeur du complexe sportif, qui l'avait, un peu à contrecœur, mis à la disposition des enquêteurs. En face de lui, Mark Fergusson, l'employé de MIB Security, n'en menait pas large. Certes, ce n'était pas lui qui avait tué la boxeuse mais en revanche, c'était de sa faute si le meurtrier avait pu s'introduire dans les vestiaires pour commettre son forfait. La culpabilité le rendait nerveux.

– *À quelle heure avez-vous pris votre poste devant la porte des vestiaires ?*

– *Il était 19 h 00. C'était une heure avant le début du match.*

– *Qui a eu accès au vestiaire pendant que vous étiez en poste ?*

– *Il y a eu Lindsay Couperet, évidemment, son entraîneur…*

– *Et l'autre boxeuse ?*

– *Non, elle n'était pas dans le même vestiaire. On évite parce que parfois, l'ambiance peut vite devenir électrique.*

– *Qui d'autre ?*

– *Il y a eu le petit ami de Lindsay Couperet, qui est venu lui souhaiter bonne chance avant le combat. Il est ressorti juste avant que ça commence. Ensuite, il y a eu trois gars, que je ne connaissais pas. Ils se sont pointés chacun à leur tour. Ils avaient tous un pass.*

– *Qui fournit ces pass ?*

– *Ça dépend. Ces trois-là avaient été fournis par le staff de Lindsay.*

– *Avez-vous vu à quelle heure chacun des hommes est arrivé et à quelle heure ils sont repartis ?*

– *Les heures, je ne les connais pas. Ce que je peux vous dire en revanche, c'est que le premier gars est entré pendant le quatrième round. Je ne l'ai pas vu ressortir mais il faut dire que j'ai été appelé en renfort sur un début de bagarre dans la salle, donc j'ai quitté mon poste au moins dix minutes.*

– *Donc n'importe qui a pu pénétrer dans les vestiaires pendant ce laps de temps ?*
– *Oui,* avoua piteusement le vigile.
– *Continuez, je vous prie.*
– *Le deuxième gars, lui, s'est pointé après la fin du match. Il n'a pas dû rester plus de cinq minutes dans les vestiaires. Quand il est ressorti, c'est le troisième gars qui est entré. Lui non plus n'est pas resté longtemps. Trois minutes après, je le voyais revenir, blanc comme un linge. Il m'a raconté ce qu'il avait vu et j'ai donné l'alerte.*
– *Je vous remercie, vous avez fait du bon boulot,* fit Sir David McCarthy, qui sous ses airs de ne pas y toucher, avait bien remarqué les tourments qui semblaient agiter son interlocuteur.
– *Il n'y a pas de quoi, sir. Si je peux faire quoi que ce soit d'autre…*
– *À la réflexion, oui, vous pouvez faire encore une chose pour moi. Allez me chercher l'entraîneur de Lindsay Couperet, j'aimerais m'entretenir avec lui.*
– *C'est comme si c'était fait sir.*

Effectivement, moins de quatre minutes plus tard, on frappait à la porte du bureau. Elle s'ouvrit sur un petit homme trapu et bedonnant. Il était vêtu d'un pantalon informe et d'un blouson en cuir noir tellement élimé qu'on en voyait la trame, et qui ne faisait pas honneur à la pauvre vachette qu'on avait abattue pour le fabriquer. Le visage de l'homme, chafouin, avec des fentes à la place des yeux, n'inspirait de prime abord qu'une confiance limitée au policier mais dans son métier plus que dans tout autre, on avait l'habitude de ne pas s'arrêter à la tête des gens. Combien de tueurs en série au visage d'ange avaient pu commettre les crimes les plus odieux, tout ça parce qu'ils n'avaient pas la tête de l'emploi ?

De toute façon, Gilles Bertucci, l'entraîneur, n'avait pas remis les pieds aux vestiaires après le combat, bien trop occupé à se faire mousser auprès des médias et des gens de la fédération. Il ne pouvait donc pas avoir tué sa pouliche.

– *Monsieur Bertucci, combien de pass avez-vous distribués avant le match ?,* demanda Sir David McCarthy sans préambule.
– *Sept, si je me souviens bien. Il y en avait un pour les parents de Lindsay, dont ils n'ont malheureusement pas eu le temps de se servir. Il y en avait un autre pour Marc Darcy, son petit ami et un pour Julie, sa meilleure amie. Elle n'a pas pu venir, elle-même disputait un combat important aujourd'hui. Les quatre autres, je les avais envoyés à des fans de Lindsay. Ces mecs la soutiennent vraiment, et vous n'avez pas idée comme le mental est important pour la boxe. C'était une façon de les remercier pour leurs encouragements.*
– *J'aurais besoin de leurs noms.*
– *Attendez, je vais vous retrouver ça…*

L'entraîneur sortit un agenda électronique de sa poche et commença à pianoter dessus avec un stylet.

– *Nous y voilà. Il y a Gaspard Aupetit, Laurent Peyre et Martial Vidard. C'est lui qui a retrouvé le corps.*
– *Vous m'aviez parlé de quatre fans ?*
– *Oui, j'en avais envoyé un aussi à Jérôme Hurbin, mais il m'est revenu. Apparemment, il a changé d'adresse.*

Le policier posa encore quelques questions à Gilles Bertucci. Il apprit que la jeune Normande était plutôt appréciée dans le milieu de la boxe. C'était une fille droite, honnête, qui savait ce qu'elle voulait mais n'était pas prête à tout pour y parvenir, contrairement à certaines filles qui n'hésitaient pas à multiplier les coups bas pour évincer leurs adversaires de la course au titre. Lindsay Couperet ne comptait que sur son talent pour se hisser sur les plus hautes marches du podium, et elle en avait à revendre !

– *Pouvez-vous me parler de ses rapports avec ses amis, sa famille ? Ses relations étaient-elles tendues avec certaines personnes ?*
– *Vous savez, comme tous les sportifs de haut niveau, Lindsay n'avait pas beaucoup d'amis. C'était une fille assez solitaire, qui ne vivait que pour sa passion, la boxe. Quant à sa famille,*

elle ne la voyait pas beaucoup. Parfois, ses parents assistaient à ses combats mais pas souvent. Sa mère ne supportait pas de voir sa fille se faire amocher. Lorsque Lindsay s'est cassé le nez l'année dernière, elle l'a suppliée de renoncer. Comme si on pouvait renoncer comme ça à son rêve…

– *Et son petit ami ?*

– *Lindsay et lui se disputaient souvent. Il lui reprochait de ne pas être assez disponible pour lui. C'est sûr que quand on s'entraîne plus de six heures par jour, ça laisse peu de temps pour le reste. Récemment, elle m'avait d'ailleurs confié qu'elle songeait à le quitter. Elle pensait qu'il ne la comprenait pas et c'était sans doute vrai.*

– *Pensez-vous qu'elle ait mis ses projets à exécution ?*

– *Avec la préparation du championnat, ça m'étonnerait qu'elle ait eu le temps de s'occuper de ça. Elle avait bien d'autres choses en tête.*

Pour l'heure, Sir David McCarthy nageait un peu dans le brouillard en ce qui concernait cette affaire. Mais en bon Londonien qu'il était, il se disait qu'après ce brouillard, viendraient les éclaircies. Il arriverait bien à trouver le coupable.

Le ministre des Sports britannique, Sir Edward Burton, n'était pas aussi patient que son compatriote de Scotland Yard. Dès le lendemain matin, il téléphonait à son bureau pour connaître le nom du coupable. Lorsque le policier lui avoua qu'il n'avait pas encore réussi à le découvrir, il sentit poindre plus qu'une pointe d'agacement chez son interlocuteur.

– *J'espère en savoir plus dès que j'aurai les résultats des prélèvements effectués par les techniciens de la police scientifique,* tempéra-t-il. *Je vous tiens au courant dès qu'il y a du nouveau… Oui, bonne journée à vous aussi monsieur.*

Les résultats tant attendus mirent en réalité près de 48 heures à arriver. Certaines choses prennent du temps, c'est ainsi. Entre-temps, le ministre avait appelé cinq fois le chef du service métropolitain de police, qui lui avait fait les cinq mêmes réponses, sans pour autant se départir de son fameux flegme britannique.

Sir David McCarthy examina avec attention les analyses d'empreintes. La plupart des traces exploitables provenaient de la victime elle-même. Martial Vidard et Marc Darcy s'étaient pliés de bonne grâce à la prise d'empreintes lorsqu'ils étaient venus déposer au commissariat. On ne pouvait pas en dire autant des deux autres suspects. Ils s'étaient tous deux volatilisés après le combat et les policiers ne les avaient pas encore retrouvés.

Cette affaire s'engageait mal. Pas d'arme du crime, pas d'empreintes, pas de mobile et surtout, trois suspects de trop !

Et le téléphone qui se remettait à sonner…

SOLUTION PAGE 54

ANNEXES

BULLETIN N°3 DU CASIER JUDICIAIRE NATIONAL DE LAUREN PEYRE TRANSMIS PAR LA POLICE FRANÇAISE

RÉPUBLIQUE FRANÇAISE
MINISTÈRE DE LA JUSTICE
Direction des Affaires criminelles et des grâces
Casier judiciaire national
44079 NANTES CEDEX 1

BULLETIN NUMÉRO 3

BULLETIN DÉLIVRÉ LE **24/08/2014**

applicable à

nom : **PEYRE**
prénom : **Laurent Michel Yves**
née **le 15/09/1975**
à **Caen (14)**

nom d'usage : **PEYRE**

Relevé des condamnations devant figurer au bulletin n°3 en application de l'art. 777 du code de procédure pénale

En l'absence de condamnation devant figurer au bulletin n°3, celui-ci ne comporte qu'une barre transversale
(Art. R.84 du code de procédure pénale)

Le magistrat chargé du Casier judiciaire national

Réf R

PHOTOGRAPHIE DE LA SCÈNE DE CRIME

OBJET RETROUVÉ DANS LE SAC DE SPORT DE LINDSAY COUPERET PORTANT LES EMPREINTES DE MARTIAL VIDARD

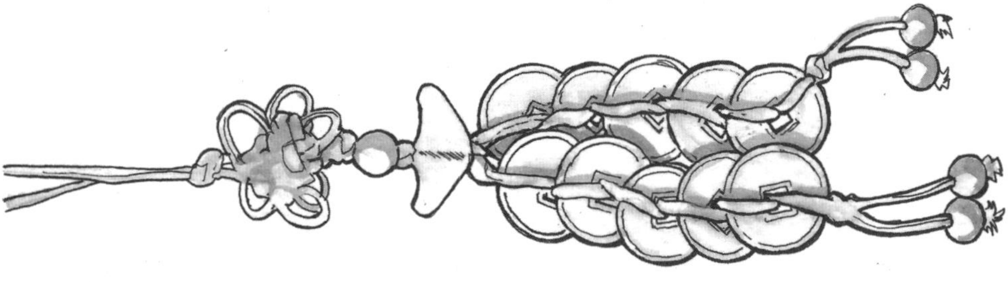

LETTRE RETROUVÉE DANS LE SAC DE SPORT DE LINDSAY COUPERET

Chère Lindsay,

Une fois de plus, je t'envoie un petit mot d'encouragement avant le grand soir.
Tu as atteint ton but, la finale du championnat. Je te souhaite la victoire de tout
mon cœur. Je te connais bien, depuis tout ce temps que je suis ton parcours et
je sais que, même si tu es assez fair-play pour faire bonne figure quand tu perds,
tu ne seras pas heureuse si le titre t'échappe aujourd'hui. Après tant de victoires,
avec lui, ce serait la consécration !
Si je ne peux malheureusement pas monter sur le ring avec toi, j'espère au moins
t'avoir assurée de mon soutien grâce à ce message. Prends garde à ton adversaire.
Je préfère encore te voir perdre la victoire plutôt qu'un œil. Voilà, c'est tout ce que je voulais
te dire. Je crois en toi. L'Allemande ne fait pas le poids. Le titre, elle va devoir lui dire
adieu !

Gaspard

SOLUTION PAGE 86

MEURTRE À L'ABBAYE

Les prémisses

Il y avait plus de 120 ans déjà que les hauts murs de granit de l'abbaye Saint-François de Plouguernec s'élevaient face à l'océan. Depuis la cour centrale, on avait une vue à couper le souffle sur les falaises tombant à pic dans les eaux bleu foncé de l'Atlantique. Les jours mauvais, on entendait le vent siffler entre les roches et les vagues se briser avec fracas sur les blocs mégalithiques en contrebas. Le domaine, acquis en 1893, s'étalait sur près de 80 hectares de landes vallonnées, de bois de pins, de terres labourables.
Il comprenait surtout une gigantesque carrière de granit, dont l'exploitation avait permis la construction des imposants bâtiments du monastère. En un peu plus d'un siècle, l'abbaye Saint-François avait connu une histoire mouvementée : après l'exil forcé des moniales en 1904, suite à l'adoption de la loi interdisant l'enseignement aux congrégations religieuses, elle devint tour à tour séminaire, puis pensionnat pour jeunes filles, avant d'être occupée par des soldats américains lors de la Première Guerre mondiale.
Ce n'est que quinze ans après leur exil, que les bénédictines purent enfin réintégrer les lieux.
Lorsque Yann Le Quéméné gara son Alpha Romeo sur le parking, il était à mille lieues de penser aux tourments qui avaient pu agiter l'abbaye, dont il n'apprécia même pas la majestueuse beauté. La seule chose qu'il se demandait, c'était comment il avait bien pu laisser Soizic le convaincre d'effectuer cette retraite spirituelle de trois jours. Beaucoup de futurs mariés le font, avait-elle insisté, pour réfléchir à leur engagement. Il avait cédé mais regrettait déjà amèrement d'avoir dit oui. Le petit crachin qui lui fouetta le visage lorsqu'il descendit de voiture ne fit qu'accentuer son humeur maussade.
Le couple fut accueilli par mère Marie-Annick, la supérieure de l'abbaye. Bien loin de l'image austère que l'on se fait habituellement d'une abbesse, c'était une petite femme potelée, aux joues rondes légèrement couperosées, affichant quasiment en permanence un sourire bienveillant, qui illuminait son visage pourtant quelconque :

— Bienvenue à Saint-François. Vous devez être Soizic et Yann ?

Ils opinèrent du chef et serrèrent la main tendue de la religieuse. Au moment d'ouvrir la bouche, Yann se rendit compte qu'il ne savait pas comment il convenait de s'adresser à elle. Ma mère ? Ma sœur ? Il feinta en se fendant d'un "Bonjour madame" accompagné d'un sourire exagéré.

— Entrez donc. Les autres sont déjà arrivés.

Les autres ? Quels autres ? Yann regarda sa fiancée qui haussa les épaules pour montrer qu'elle n'en savait pas plus que lui.

— Les trois autres couples sont arrivés un peu plus tôt dans l'après-midi, expliqua la sœur. Ils sont déjà installés. Je vais vous montrer vos chambres, suivez-moi.

Vos chambres ? Yann espérait avoir mal entendu. Il n'en était rien.
Après avoir emprunté un couloir glacial, l'abbesse s'arrêta devant une porte.

— Voici votre chambre Yann. Prenez votre temps pour vous installer. Nous vous retrouverons au réfectoire, à 19 heures.
— Merci, ma sœur, réussit à répondre le jeune homme.
L'abbesse repartit, Soizic sur les talons.
— Les jeunes femmes que nous accueillons sont logées dans l'aile où se trouvent les chambres des sœurs. Nous y sommes. Votre chambre est la bleue. À côté de vous, derrière la porte jaune, c'est celle de Camille. Gaëlle a la verte, à gauche. Il y a aussi Armelle, en face. Ce sont les trois autres jeunes femmes en retraite. Et au fond du couloir, la porte mauve est celle de sœur Marie-Judith. N'hésitez pas à y frapper en cas de besoin.
Soizic remercia chaleureusement l'abbesse et entreprit de défaire son sac.
Le repas du soir fut simple mais généreux et l'ambiance très conviviale. Contrairement aux sœurs, les retraitants, qui dînaient dans une salle voisine du réfectoire, n'étaient pas tenus au silence pendant le repas, aussi les quatre couples eurent-ils largement le temps de faire connaissance. Pierrick et Gaëlle, deux musiciens brestois, étaient déjà parents d'une petite fille, ce qui n'avait pas empêché les sœurs de les obliger à faire chambre à part. La règle était la règle ! Camille et Damien étaient parisiens. Elle travaillait dans la pub, lui était informaticien. Paul et Armelle, quant à eux, venaient de Lorient. Très pieux, ils faisaient une retraite chaque année mais c'était la première fois qu'ils en faisaient une ensemble. Yann expliqua qu'il n'était pas au courant des chambres séparées, Soizic s'étant bien gardée de lui en parler. Cela provoqua de gentilles moqueries de ceux qu'il appelait ses compagnons de galère.
Sa fiancée intervint :
— Ne te plains pas, ça aurait pu être bien pire. Le cadre est super agréable, et les chambres aussi. Ça fait plutôt gai, toutes ces couleurs acidulées : jaune pour Camille, vert pour Gaëlle, bleu pour moi.
— Encore faut-il arriver à les voir ! lança Damien, juste au moment où la sœur cuisinière apportait une corbeille de fruits.
— C'est sûr que je ne pense pas qu'on puisse vous rendre visite cette nuit mesdemoiselles, renchérit Yann, quand elle se fut éloignée. Et côté garçon, les couleurs c'est plutôt gris ou gris !
À 20 h 15, les retraitants furent invités à assister à l'office de complies, puis à 20 h 45, à celles de vigiles. L'heure du coucher était fixée à 22 h 15. Aux alentours de 23 h 00, une énorme tempête éclata. La petite bruine de fin d'après-midi s'était muée en une pluie d'une rare intensité. Elle ne battait pas contre les fenêtres des chambres des sœurs, pour la bonne raison qu'elles en étaient dépourvues mais quiconque se serait trouvé dans l'église de l'abbaye en cet instant l'aurait entendue frapper de plein fouet les vitraux bleus de la nef. Des éclairs zébraient le ciel sans répit et les grondements de tonnerre rivalisaient de fracas.
Vers une heure du matin, Soizic, qui ne parvenait pas à trouver le sommeil, crut entendre un cri en provenance du couloir. Sortant de sa chambre à pas de loups, elle se rendit compte que la porte de sœur Marie-Judith était ouverte. Elle s'approcha et vit le corps sans vie de la religieuse, étendue sur le lit. Non sans mal, elle parvint à trouver la chambre de l'abbesse pour la prévenir.

– *Oui, bien sûr, je comprends,* fit la mère supérieure en raccrochant le combiné de son téléphone.

Elle convoqua tout le monde, religieuses et retraitants, dans la salle de réfectoire.

– *Comme vous le savez tous à présent, notre sœur bien aimée Marie-Judith s'en est allée rejoindre notre Seigneur. Les secours ne pourront pas être ici avant plusieurs heures, car la tempête de cette nuit a fait énormément de dégâts sur la route. Pour le moment, nous sommes complètement isolés. Je vous invite à profiter de ce délai pour prier pour l'âme de notre sœur, morte dans son sommeil. À 10 h 00, la messe sera dite comme d'habitude, puis à 11 h 15, chaque sœur rejoindra son poste de travail. Sœur Dominique, vous prendrez sous votre aile nos trois jeunes couples de futurs mariés. Je leur ai promis une visite de l'atelier.*

Comme toutes les congrégations observant la règle de saint Benoît, les religieuses de l'abbaye Saint-François de Plouguernec consacraient une bonne partie de leur journée au travail. Il y avait plus de vingt ans à présent qu'un atelier de confiserie artisanale avait vu le jour au sein même de l'abbaye. Les sœurs fabriquaient des sucres d'orge, des sucettes, des bonbons aux parfums surannés. Mais ce qui faisait la renommée de l'abbaye, par-delà les frontières du Morbihan, c'était ses incomparables caramels au beurre salé. Yann en salivait d'avance.

Quant à Soizic, elle était bien incapable de se réjouir de cette visite privée, pas plus qu'elle ne se sentait le cœur de prier. Contrairement aux autres, elle avait vu, elle, les marques de doigts sur le cou de la religieuse. Sœur Marie-Judith était peut-être morte dans son sommeil, mais on l'y avait aidée ! Elle décida de mettre à profit le temps dont elle disposait pour mener sa petite enquête. La situation privilégiée de sa chambre, non loin de celle de la morte, l'y aiderait.

Après la messe, elle prétexta un mal de tête récalcitrant pour fausser compagnie aux autres retraitants, affirmant vouloir se reposer un moment dans sa chambre avant l'office de sexte, qui précédait le repas de midi. Yann, en fiancé attentionné, lui proposa de renoncer à la visite de l'atelier pour rester avec elle mais elle refusa son offre. *De toute façon,* lui rétorqua-t-elle, *je te rappelle qu'en tant que représentant de la gent masculine, tu es persona non grata dans l'aile des femmes.* Il haussa les épaules, lui dit de prendre soin d'elle et partit rejoindre le groupe.

Elle arriva au couloir des chambres, puis, s'étant assurée qu'il n'y avait personne, poussa lentement la porte mauve. Il faisait très sombre mais saisie par une appréhension difficile à contrôler, elle laissa passer quelques instants avant d'appuyer sur l'interrupteur. Lorsqu'elle le fit enfin, elle fut prise de malaise et dut s'asseoir par terre, le dos appuyé au mur. Elle n'avait jamais vu un mort, ni de près ni de loin, et se sentait les membres floconneux à l'idée que la femme étendue tout près d'elle sur ce lit ne se réveille plus jamais, en tout cas, pas dans ce monde-ci.

Elle était tout à ses réflexions lorsqu'elle aperçut quelque chose sous le lit. Elle tendit une main peu assurée pour s'en saisir. C'était un morceau de papier, que l'on avait froissé en boule. Elle le glissa dans sa poche. Elle se releva et s'arma de courage pour soulever le drap blanc dont la mère abbesse avait recouvert le visage de la malheureuse sœur Marie-Judith. La face de la jeune religieuse ne respirait pas vraiment la sérénité ; sa couleur d'un bleu violacé y était sans doute pour beaucoup. Avec d'infinies précautions, la jeune femme écarta de la pointe de son stylo une mèche de cheveux qui masquait le cou. De vilaines traces de doigts apparurent sous ses yeux. Avisant un mètre de couturière que la providence semblait avoir posé sur le chevet, à côté d'un dé à coudre et d'une pochette d'aiguilles, la jeune Bretonne s'en saisit, sans se soucier des empreintes qu'elle laisserait immanquablement dessus. Apparemment, à en

POUR EN SAVOIR PLUS

L'étranglement consiste à serrer l'avant du cou pour comprimer les artères carotides ou la trachée.
Il peut en résulter une fracture de l'os hyoïde, un œdème cérébral, une face d'apparence congestive, une langue cyanosée et des pétéchies (ce sont de petites taches rougeâtres) sclérales et cutanées conjonctivales.
Les empreintes réalisées par la pression des pouces peuvent être visibles.

Ce type de mise à mort est parfois utilisé par les meurtriers mais il a également été pendant des siècles un mode d'exécution pour les condamnés à la peine capitale.
C'est ainsi par exemple que les Romains ont étranglé Vercingétorix, le chef gaulois vaincu, non pas à mains nues mais avec une cordelette,
dans sa cellule, alors qu'il était condamné à mort.

juger par la coiffe décousue posée sur l'unique chaise qui meublait la pièce, sœur Marie-Judith avait prévu de s'adonner à des travaux de raccommodage. En prenant bien soin de ne pas toucher la peau de la morte, Soizic mesura, à l'aide du mètre, les marques bleues imprimées dans le cou de la moniale, sans même savoir vraiment à quoi cette indication pourrait bien être utile. Elle replaça délicatement le drap comme elle l'avait trouvé à son arrivée. Elle se signa et se recueillit quelques instants, avant d'entreprendre un examen de la chambre. Ce serait vite fait. L'ameublement était plutôt monacal. En plus du lit, du chevet, de la chaise et de la petite table, il ne comprenait qu'une petite armoire en bois de facture très simple. Elle était fermée à clef et la jeune femme n'osa pas l'ouvrir. La décoration était du même tonneau. Un crucifix en bronze était accroché au-dessus de la tête de lit et une petite étagère, fixée au mur, accueillait une bible, un livre de chants grégoriens, un autre de psaumes et *La Légende dorée*, la célèbre hagiographie de Jacques de Voragine. Quant aux objets personnels de la bénédictine, on pouvait les compter sur les doigts d'une main. Hormis le nécessaire à couture, seuls une petite lampe, un carnet et un stylo étaient posés sur le chevet. Sur la table, Soizic remarqua ce qui semblait être un herbier ainsi qu'un petit bouquet de fleurs des champs serré dans un verre à moutarde. Estimant qu'elle ne gagnerait rien de plus à s'attarder davantage dans la chambre, sauf peut-être se faire surprendre, Soizic s'en alla, emportant avec elle le carnet de la religieuse.

Une fois de retour dans sa chambre, elle examina les indices qu'elle avait recueillis sur le lieu du crime. Elle ouvrit d'abord le carnet, récupéré sur le chevet. Il était couvert de l'écriture noire de la sœur. Soizic eut la surprise de constater qu'il contenait des recettes de bonbons. La sœur y détaillait le procédé de fabrication des sucres d'orge, puis d'autres pages étaient consacrées aux sucettes, d'autres encore aux bonbons acidulés que les sœurs vendaient dans leur boutique. La dernière section expliquait chaque étape de la confection des fameux caramels au beurre salé. Soizic savait que les religieuses de Saint-François gardaient jalousement le secret de leur recette. Serait-ce pour la dérober que le meurtrier aurait accompli son forfait ? Mais dans ce cas, pourquoi avoir laissé le carnet ? À moins qu'il ne l'ait pris en photo, avec son portable par exemple et dans ce cas, plus besoin de le voler…

Les questions se bousculaient dans le cerveau de la jeune Bretonne.

Elle compara l'espacement entre son pouce et son index à celui qu'elle avait mesuré sur le cou de sœur Marie-Judith. Il y avait une énorme différence. Certes, ses mains à elle étaient plutôt menues mais les mains de l'assassin étaient sans doute assez grandes.

Enfin, elle déplia le papier roulé en boule qu'elle avait trouvé dans la chambre de la religieuse. Ce qu'elle lut la laissa sans voix.

– *Tu as raté quelque chose ma puce,* fit Yann lorsqu'ils se retrouvèrent avant l'office de sexte. *C'était vraiment génial cette visite. Enfin, ce qui était surtout génial, c'est qu'on a eu le droit de goûter à toutes les sortes de bonbons. Personnellement, j'ai un faible pour la sucette à la myrtille. Mais ça ne vaut pas les caramels au beurre salé. Exceptionnels !*

Soizic eut du mal à feindre de partager l'enthousiasme de son fiancé. Son amour pour les friandises ne l'aurait quand même pas conduit à… Elle refusait de le croire.

À 12 h 45, les quatre couples se retrouvèrent pour le repas. Bien sûr, Soizic eut droit au récit détaillé de la visite de l'atelier. Elle n'écoutait pas vraiment, incapable de se défaire de l'idée que le meurtrier de sœur Marie-Judith était peut-être assis en ce moment même à sa table. La discussion s'orienta vers les loisirs et passions de chacun. Gaëlle et Pierre étaient des mordus de musique, comme leur métier pouvait le laisser supposer. Damien était passionné de cerfs-volants tandis qu'Armelle consacrait une bonne partie de ses loisirs à l'aquarelle. Soizic pris alors la parole :

– *Pour ma part, je suis passionnée de tricot. J'ai une idée, je vais prendre les mesures des mains de chacun d'entre vous et je vous tricoterai une paire de gants, en souvenir de ce moment passé ensemble.*

Yann regarda sa compagne l'air étonné. Elle, passionnée de tricot ? Première nouvelle. Il ne dit rien cependant et chacun, lui compris, se prêta de bonne grâce à la prise de mesure, que Soizic effectuait avec un mètre de couturière dont Yann ignorait la provenance.

Ensuite, les jeunes gens échangèrent sur la façon dont les uns et les autres avaient vécu ces premières 24 heures au couvent. À l'étonnement général, Pierrick sortit son portable et montra différents selfies où on le voyait, micro à la main. Il expliqua, à voix basse :

– *Le couvre-feu à 22 h 15, très peu pour moi. Cette nuit, j'ai fait le mur et je suis allé au karaoké ! Je ne suis revenu qu'à deux heures du matin !*

– *Pierrick,* le gronda Gaëlle, *tu es intenable !*

Soizic occupa le temps libre qui suivait le repas à comparer les mesures des mains de chacun avec celles prises dans la chambre de la religieuse. Ensuite, elle passa un long moment à réfléchir. Le silence des lieux s'y prêtait bien. Puis elle prit son téléphone et composa le 112.

La mère abbesse fut surprise de voir arriver la police 30 minutes plus tard. Le commissaire lui demanda qui avait appelé. Soizic, qui avait guetté l'arrivée de la voiture, se présenta spontanément.

– *Vous dites qu'un meurtre a été commis ici ?* lui demanda le policier.

– *Oui, commissaire et je peux vous donner le nom du coupable !*

Aurez-vous la perspicacité de Soizic pour trouver le coupable et son mobile ?

ANNEXES

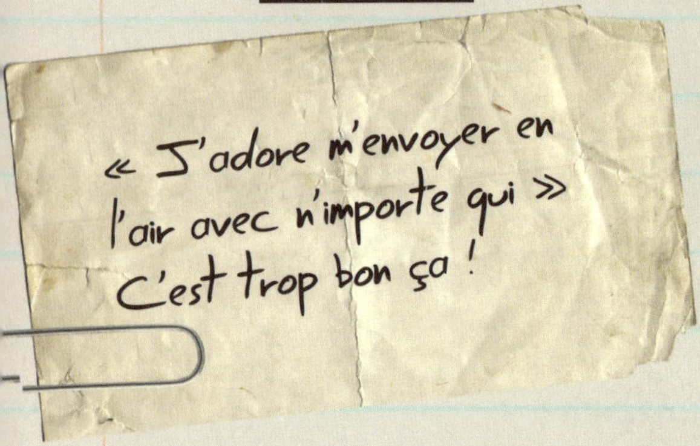

FEUILLE DE PAPIER RETROUVÉE
SOUS LE LIT DE SŒUR MARIE-JUDITH

PHOTO PRISE PAR LE
TÉLÉPHONE PORTABLE
DE PIERRICK JOUANNET À 01 H 07

PAGE DU CARNET RETROUVÉ SUR LE CHEVET DE SŒUR MARIE-JUDITH

Caramels mous au beurre salé

Ingrédients :

100 g de beurre demi-sel
- 3 g de sel fin
- 2 cl d'eau
- 100 g de miel liquide
- 250 g de sucre en poudre
- 20 cl de crème fraîche liquide entière tiédie

Réalisation :

Faire chauffer à feu doux le miel et l'eau dans une casserole.

Ajouter le sucre et mélanger jusqu'à l'obtention d'un caramel blond.

Retirer du feu, ajouter 15 g de beurre et verser lentement la crème sur le caramel sans cesser de remuer.

Reprendre la cuisson, ajouter le reste du beurre et le sel.

Lorsque la préparation atteint 118 °C, verser le caramel dans le plat tapissé de papier sulfurisé.

Laisser reposer à température ambiante jusqu'au lendemain puis découper au grand couteau en carré de 2 cm de côté.

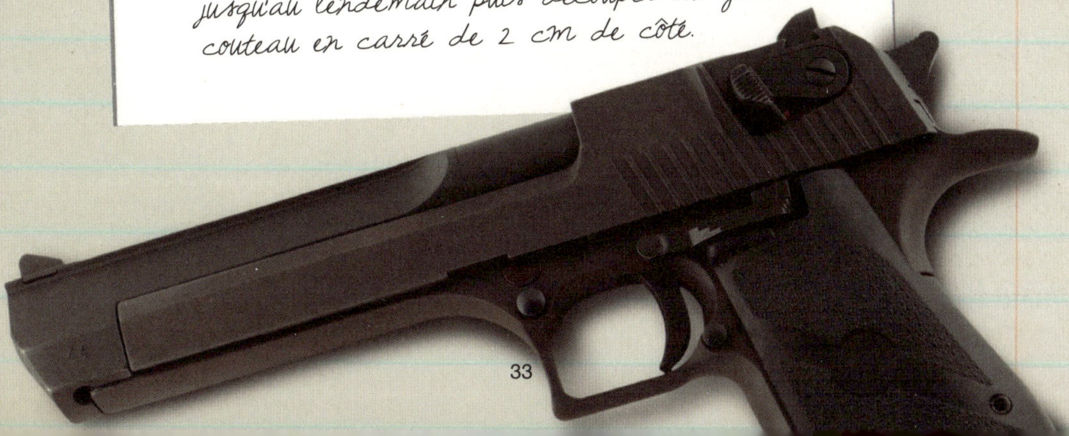

TABLEAU DE MESURES DRESSÉ PAR
SOIZIC QUÉGUINEUR

nom	écart pouce / index
Pierrick	19,5 cm
Gaëlle	17,2 cm
Damien	19,4 cm
Camille	16,7 cm
Paul	19,6 cm
Armelle	18,1 cm
Yann	19,3 cm
Trace sur le cou	19,5 cm

SOLUTION PAGE 87

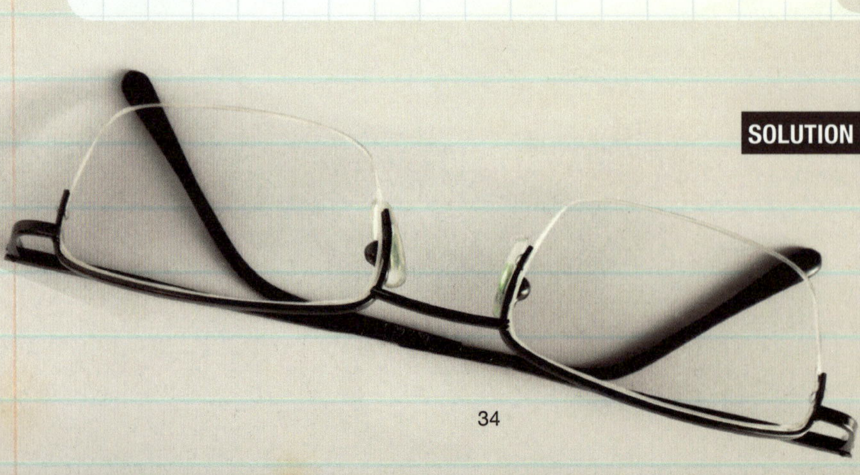

UN MEURTRE PEUT EN CACHER UN AUTRE

Les prémisses

La nuit s'annonçait longue, au standard de police secours. Depuis qu'elle avait pris son poste, une heure auparavant, la jeune gardienne de la paix qui réceptionnait les appels avait déjà été contactée pour un témoignage de délit de fuite, un autre pour vol avec violence survenu en plein jour sur un axe pourtant très fréquenté et un dernier pour bagarre dans un bar. Et il n'était que 20 h 00 ! Elle n'aimait pas ces longues et torrides nuits d'été qui échauffaient les esprits, exacerbait les rancœurs et les colères longtemps refoulées. Cette nuit, elle le savait, serait encore pire que les précédentes, car c'était la pleine lune, cycle qu'affectionnaient particulièrement les malfaiteurs en tout genre pour passer à l'acte, sans qu'il y ait de raison scientifique à cela. Pour couronner le tout, la climatisation faisait des siennes et la température dans le bureau devait avoisiner les 31 degrés. Inutile de penser à ouvrir la fenêtre : avec la canicule qui sévissait depuis quelques jours, il faisait aussi chaud dehors qu'à l'intérieur, et la tendance ne s'inverserait pas avant plusieurs heures. Elle avait hâte de retrouver la fraîcheur relative de son petit appartement de Monticello, sur les hauteurs de l'Île Rousse, tout en sachant qu'il lui faudrait attendre jusqu'à l'aube pour cela.

Le téléphone se remit à sonner :

— Police secours j'écoute.

— C'est... c'est... c'est ma femme. Il faut que vous veniez tout de suite, expliqua une voix d'homme hachée, à l'accent corse prononcé.

— Calmez-vous monsieur, je n'ai pas très bien compris. Que se passe-t-il à propos de votre femme ?

— On a voulu la tuer.

— Elle est blessée ?

— Oui, elle respire encore mais c'est grave. Il y a du sang partout.

— Où êtes-vous monsieur ?

— Chez moi, au 15, rue Nationale.

— Quel est votre nom ?

— Gabriel Bartoli.

— Nous arrivons monsieur, ne bougez pas.

POUR EN SAVOIR PLUS

Le numéro d'appel Police Secours (le 17) a été créé en 1928. Le service est assuré 24 h / 24, 365 jours par an. La réception des appels est assurée par le Centre d'information et de commandement (CIC) de la Police nationale en zone urbaine et par le Centre opérationnel de la Gendarmerie nationale (COG) en zone rurale. Chaque jour en France, 25 000 personnes composent le 17.

L'ENQUÊTE

Le capitaine Petru Casanova se rendit immédiatement à l'adresse indiquée avec son équipe. Le SAMU, également dépêché sur les lieux, arriva exactement en même temps. Le policier expliqua au personnel médical qu'il entrerait d'abord, ne sachant pas trop ce qui les attendait à l'intérieur. Il sonna mais personne ne vint ouvrir. L'arme au poing, il tourna de son autre main la poignée de la porte, qui s'ouvrit sans difficulté ; elle n'était pas verrouillée. Il appela :

– *Il y a quelqu'un ? C'est la police.*

Personne ne répondit mais il entendit un bruit de reniflement. Il fit signe à ses subalternes de le suivre. Au bout du couloir, ils arrivèrent à la cuisine, les secours dans leur sillage. Casanova entra et découvrit le corps d'une femme ensanglantée, gisant sur le carrelage. Agenouillé à côté d'elle se trouvait un homme, le visage ravagé par les larmes, tenant dans une main celle de la femme et dans l'autre un grand couteau de cuisine. Ses vêtements et ses mains étaient couverts de sang.

– *Monsieur,* fit Casanova avec un geste qui se voulait apaisant. *Posez ce couteau. Tout va bien se passer…*

Comme s'il sortait subitement de sa torpeur, l'homme lâcha le couteau, qui résonna d'un bruit métallique sur les carreaux de grès cérame.

– *Sauvez-la, je vous en supplie,* murmura-t-il. *Sauvez ma femme.*

Le capitaine s'approcha, éloigna le couteau de la pointe de sa chaussure et aida l'homme à se relever.

– *Venez par ici, monsieur, les secours vont s'occuper d'elle.*

Le capitaine avait pu voir le dos de la femme se soulever et s'abaisser faiblement, signe qu'elle était encore en vie. Il fit un signe au médecin du SAMU, qui se précipita vers elle. Il la retourna avec d'infinies précautions et plaça sur son visage un masque à oxygène. Ses gestes étaient sûrs, précis. La femme était inconsciente, ce qui n'était guère surprenant compte tenu de la quantité de sang qu'elle avait perdu. Le médecin fit ce qu'il fallait pour stopper l'hémorragie, s'écoulant de plusieurs plaies à hauteur de l'abdomen, tandis que sa collègue veillait à maintenir le masque à oxygène sur le visage de la blessée. Ensuite, deux ambulanciers qui les accompagnaient installèrent la femme sur un brancard, couvrant son corps d'une couverture de survie aux reflets dorés. Ils l'installèrent dans le véhicule du SAMU et foncèrent, toutes sirènes hurlantes, en direction de l'hôpital.

Pendant ce temps, le capitaine s'était assuré que l'homme n'était pas blessé puis l'avait fait asseoir sur une chaise dans la salle à manger. Il commença à l'interroger :

– *Quel est votre nom ?*

– *Gabriel Bartoli.*

– *C'est vous qui avez appelé police secours ?*

– *Oui.*

– *Pouvez-vous me raconter ce qui s'est passé ici ?*

L'homme n'eut pas le loisir de répondre. Un policier en uniforme, arrivé de la cuisine, interrompit l'entretien :

– *Capitaine, vous devriez venir voir.*

Casanova n'apprécia pas du tout l'irruption malvenue de son subalterne et le lui fit comprendre en lui jetant un regard noir.

– *Je ne serais pas venu si ce n'était pas important. Venez voir dans la cuisine,* insista l'autre.

– *Bien, restez ici,* intima le capitaine au policier.

Dans la cuisine, Ange Agostini, un autre équipier, fit signe au capitaine de passer derrière l'îlot central qui coupait la pièce en deux. C'est alors que Casanova comprit ce qui requérait sa présence : sur le sol était étendu le corps sans vie d'une femme, plus jeune que la précédente. Il se baissa pour prendre son pouls mais Agostini lui fit comprendre que pour elle, il était trop tard. Il retourna dans la salle à manger auprès de Gabriel Bartoli.

– *Monsieur Bartoli, vous ne nous aviez pas parlé*

d'une autre victime.

– *Une autre victime ? Mais... je...*

– *Suivez-moi je vous prie.*

Lorsqu'il aperçut le corps couvert de sang, l'homme hurla :

– *Ahh !*

– *Pouvez-me dire de qui il s'agit ?* demanda Casanova.

– *C'est ma fille, Stella.*

Sous le choc, l'homme se mit à convulser et dut lui aussi être pris en charge par les services médicaux. Après leur départ, les policiers restèrent encore un long moment sur les lieux, à collecter des indices éventuels, à commencer par l'immense couteau de cuisine souillé de sang qui avait vraisemblablement servi à poignarder les deux femmes. Plus tard, une équipe de la police scientifique et technique viendrait passer toutes les pièces de la maison au peigne fin. Au moment de rentrer au commissariat, Ange Agostini ne put s'empêcher de faire un commentaire :

– *Quand même, tuer son enfant de sang froid, comme ça ! Et dire que sa femme a failli y passer elle aussi. Je me demande d'ailleurs pourquoi il n'a pas fini le travail. Il y a vraiment des tordus !*

Il tenait dans ses mains un cadre en métal contenant une photo, qu'il montra au capitaine. On y voyait Gabriel Bartoli, la cinquantaine paisible, enlaçant de son bras droit sa femme. Devant le couple posait une jeune fille, en costume d'équitation, une bombe à la main. Casanova reconnut en elle la jeune femme morte. Cette photo devait dater de quelques années déjà. Tous trois souriaient alors mais le temps de l'insouciance était irrémédiablement révolu. Quel drame avait donc bien pu se jouer ici ce soir pour briser à jamais le bonheur de cette famille ?

– *C'est précisément à cause des tordus que nous sommes là,* conclut philosophiquement le capitaine.

Le lendemain, Petru Casanova prit la route nationale 197 en direction de Calvi. Il n'y avait ni hôpital ni clinique à l'Île Rousse, si bien que Gabriel Bartoli, tout comme son épouse Christiana, avaient été conduits au centre hospitalier de Calvi, à 24 kilomètres de là. L'un comme l'autre s'y trouvaient toujours. Rapidement, le capitaine, qui connaissait l'itinéraire par cœur, prit de la hauteur, s'éloignant des îlots de granit rouge qui faisaient le charme de l'ancienne cité commerciale. Sans un œil pour les étals de fruits et légumes installés en bordure de route, non plus que pour la mer étale d'un bleu turquoise en contrebas sur sa droite, il pilotait plus qu'il ne conduisait sa Peugeot 308. Il dépassa le camping Bodri, sur le chemin duquel un camping-car néerlandais peinait à s'engager puis profita de la belle ligne droite qu'offrait cette portion de la route pour prendre un peu plus de vitesse. À vrai dire, il s'ennuyait un peu sur cet axe côtier, il préférait de beaucoup circuler dans l'arrière-pays montagneux, où il pouvait se faire un plaisir de négocier avec dextérité les virages qui se succédaient les uns aux autres, en ces paysages sauvages où la route serpentait pour épouser les reliefs de l'île.

Au bout d'un moment, il fut en vue de Lumio. C'était un adorable village, dont les touristes prisaient l'église à la façade blanche, le campanile typique et les maisons aux volets bleus. Lorsque le capitaine passa, des draps blancs séchaient dans un jardin, sur un fil tendu entre deux oliviers. Il allait bien trop vite pour les voir. Il maintint son allure jusqu'à Calvi, pestant contre les voitures de touristes venues envahir l'ancienne citadelle génoise le temps des vacances.

Il parvint enfin à destination. Inauguré en 2012, le centre hospitalier de Calvi-Balagne était un élégant bâtiment de pierre d'un seul niveau, surmonté d'un toit de tuiles. Petru Casanova présenta sa carte de police à l'accueil et demanda des nouvelles de Christiana Bartoli. Le médecin en chef lui expliqua que la jeune femme avait dû être opérée en urgence car les coups de couteau avaient touché la rate et l'intestin grêle. Pour l'heure, son pronostic vital n'était plus engagé mais elle n'était pas encore réveillée et il faudrait bien sûr attendre que son état se stabilise avant de pouvoir l'interroger. Bien que ravi de la savoir tirée d'affaire, le capitaine fut déçu de ne pas pouvoir parler à la blessée. Il demanda alors au médecin ce qu'il en était du mari.

– *Nous pensons que monsieur Bartoli est victime de ce que nous appelons un trouble de stress post-traumatique. Il en présente plusieurs symptômes. Son comportement est extrêmement impulsif, sa perception des autres et de lui-même est profondément affectée. Nous lui avons administré des sédatifs.*

– *Puis-je lui parler ?*

– *Oui, mais il ne faudra pas que l'entretien excède cinq minutes.*

– *Je ferai de mon mieux docteur.*

Dans la chambre n°12, à l'entrée de laquelle deux policiers en faction étaient postés, Petru Casanova eut bien du mal à reconnaître l'homme qu'il avait vu la veille, et plus encore l'homme souriant qui posait sur la photo. Gabriel Bartoli était étendu sur un lit, dont les draps d'une blancheur immaculée semblaient plus colorés que ses joues. Ses cheveux grisonnants étaient collés par mèches sur ses tempes et son front couvert d'une sueur que l'on imaginait glacée, car l'homme grelottait malgré le soleil estival qui pénétrait par la fenêtre. Ses bras étaient entravés par des lanières, qui le maintenaient étroitement aux barreaux du lit au niveau des poignets. Il en allait de même pour ses chevilles.

Même s'il était impressionné par l'aspect de l'homme, qui semblait avoir vieilli de dix ans en une nuit, Casanova ne perdit pas de temps à détailler sa physionomie. Le médecin ne lui avait accordé que cinq minutes, il ne comptait pas les gaspiller.

– *Bonjour monsieur Bartoli. Je suis le capitaine Casanova. Nous nous sommes vus hier chez vous, vous vous souvenez ?*

Bartoli tourna lentement la tête vers le policier et opina, plus lentement encore si c'était possible.

– *Je sais que vous êtes très éprouvé mais je vais devoir vous poser quelques questions. Pouvez-vous me dire ce qui s'est passé hier à votre domicile ?*

– *Ma fille est morte.*

– *Oui, je sais cela, monsieur Bartoli,* fit Casanova avec le plus de patience possible. *Pouvez-vous me dire comment c'est arrivé ?*

– *Je ne sais pas.*

– *Et votre femme ?*

– *Je ne sais pas.*

Casanova décida qu'il n'avait pas le temps de prendre des gants avec son interlocuteur.

– *Est-ce vous qui les avez poignardées ?* demanda-t-il brutalement.

– *Noooonnnn !* hurla l'homme, qui se mit subitement à s'agiter dans son lit. *Jamais je n'aurais pu porter la main sur elles.*

– *Alors racontez-moi ce qui s'est passé.*

L'homme prit une grande inspiration et se lança :

– *Je suis rentré chez moi vers 20 h 00. J'ai fini tard parce que j'avais une réunion qui s'est éternisée. Quand je suis arrivé chez moi, j'ai entendu des plaintes qui venaient de la cuisine. Je me suis précipité et je l'ai vue…*

– *Votre femme ?*

– *Oui. Elle était là, étendue sur le sol, pleine de sang.*

– *Était-elle consciente ?*

– *Non. D'ailleurs j'ai bien cru qu'elle était morte. Et puis je l'ai entendue respirer.*

– *Qu'avez-vous fait ensuite ?*

– *J'ai tout de suite pris le téléphone et j'ai appelé police-secours. Je pense qu'elle avait dû essayer de le faire elle aussi avant de s'évanouir parce qu'il y avait des traînées rouges par terre, comme si elle avait voulu ramper jusqu'à l'appareil.*

– *En effet, je les ai remarquées aussi. Et après ?*

– *Après rien, je suis resté aux côtés de Christia-*

na jusqu'à votre arrivée.

– *Vous voulez dire que vous n'aviez pas vu le corps de votre fille ?*

– *Non. J'ignorais qu'elle était morte jusqu'à ce que vous me la montriez.*

– *Mais était-elle censée être chez vous à l'heure où vous êtes arrivé ?*

– *Vous savez, elle a 24 ans maintenant et même si elle vit encore officiellement chez nous, elle sort souvent et passe régulièrement la nuit dehors. Je ne sais rien de son emploi du temps et une fois sur deux, elle n'est pas à la maison quand je rentre.*

– *Étiez-vous proche de votre fille ?*

– *Ma femme l'était beaucoup plus que moi. Elles avaient une relation très fusionnelle toutes les deux. Je me suis souvent senti à l'écart pour tout vous dire. Je regrette aujourd'hui de ne pas m'être montré plus attentif à la vie de ma fille. Elle n'est plus là à présent, et je me rends compte que je ne savais pas grand-chose d'elle finalement.*

– *Parlez-moi de vos relations avec votre femme.*

– *Christiana et moi, nous nous connaissons depuis le lycée. Nous venons tous les deux de Corte. Je n'ai jamais aimé d'autre femme. Elle est tout pour moi.*

À ce moment, on frappa à la porte. Le médecin entra et rappela au capitaine qu'il était temps pour lui de laisser M. Bartoli se reposer. Casanova regarda sa montre. Il avait obtenu trois minutes de plus. Il sentait qu'il ne pourrait en obtenir davantage. Il prit donc congé de Gabriel Bartoli en lui disant qu'ils seraient assurément amenés à se revoir très rapidement.

Arrivé à l'accueil de l'hôpital, une infirmière le héla :

– *Commissaire, commissaire !*

– *Je ne suis que capitaine,* fit Casanova en se retournant. *Qu'y a-t-il ?*

– *C'est madame Bartoli. Elle s'est réveillée. Elle a absolument voulu qu'on lui passe du papier et un stylo. Elle a griffonné ceci.*

L'infirmière montra une feuille sur laquelle on avait inscrit, en lettres maladroites : « C'est pas lui. C'est Gabriel. »

– *Elle a dit quelque chose ?*

– *Non, elle ne peut pas parler pour l'instant.*

– *Je voudrais la voir.*

– *Ce n'est pas possible, malheureusement. Ses constantes sont redevenues trop instables.*

– *Bien, je reviendrai, dans ce cas.*

Dans les heures et les jours qui suivirent, les résultats des analyses de la police scientifique commencèrent à arriver. Tout concordait à accuser Gabriel Bartoli… Et ce n'était pas son épouse, dont l'état de santé s'était brutalement aggravé, qui pourrait, dans son état comateux profond, révéler la vérité aux enquêteurs.

Pensez-vous que ce soit Gabriel Bartoli le meurtrier ? Quel est le mobile de l'assassin ?

ANNEXES

BILLETS D'AVION RETROUVÉS DANS LE SAC À MAIN DE CHRISTIANA BARTOLI

MESSAGE ENREGISTRÉ SUR LE RÉPONDEUR TÉLÉPHONIQUE DU DOMICILE DES BARTOLI À 15 H 23 LE JOUR DU MEURTRE

« Bonjour, c'est moi Gabriel. Stella, j'appelle pour te dire que je viendrai vers 19 h 00. Ce serait bien que tu sois là, je pense qu'il faut qu'on parle. Je t'embrasse. »

FAIRE-PART RETROUVÉ SUR LA TABLE DE LA CUISINE

Mademoiselle Stella Bartoli et monsieur Antoine Paolini
ont le plaisir de vous faire part de leur mariage.

La cérémonie se tiendra le samedi 11 avril 2015 à 14 h 30, en l'église Notre-Dame
de la Miséricorde de L'Île-Rousse.

Un vin d'honneur sera servi à l'issue de la célébration
dans la salle paroissiale.

Mlle Stella Bartoli
15, rue Nationale
20 220 L'Île Rousse

Monsieur Antoine Paolini
24, rue Jean-Noël Savelli
20 220 L'Île Rousse

ANALYSE DE LA SUBSTANCE RETROUVÉE SOUS LES ONGLES DE STELLA BARTOLI

CENTRE D'ANALYSES ET DE RECHERCHES DE LA POLICE NATIONALE

Substance	Pourcentage	Provenance
savon	5 %	cuisine Bartoli
cellules épithéliales	45 %	inconnue

(pas de correspondance avec l'ADN de Gabriel Bartoli)

Substance	Pourcentage	Provenance
sang (groupe O+)	50 %	inconnue

(pas de correspondance avec l'ADN de Gabriel Bartoli)

ANALYSE COMPARATIVE DES EMPREINTES

Empreintes retrouvées sur l'arme du crime

Empreintes de Gabriel Bartoli

SOLUTION PAGE 88

MORT EN EAUX CLAIRES

Les prémisses

Un nouveau jour se levait sur le campement. Réveillé par les rayons du soleil qui dardaient à travers la toile de sa tente, Quentin Falavier s'extirpa non sans peine de son duvet. Il faisait encore frais mais cela ne durerait pas. Depuis que le camp de vacances avait commencé, une semaine plus tôt, on n'avait pas vu l'ombre d'une goutte de pluie. Cela convenait bien à Quentin. Cet étudiant en droit de 25 ans, qui encadrait son sixième camp d'été pour l'association Bol d'Air, ne détestait rien tant que l'humidité. Il avait le souvenir du camp de l'année précédente, passé à regarder la pluie tomber, sans pouvoir faire aucune des activités prévues en extérieur. Lorsqu'il était rentré chez lui, à Nice, au bout de deux semaines, certaines de ses affaires sentaient tellement le moisi qu'il avait dû les jeter.

Cette année, inversement, la tendance était plutôt à la sécheresse. Cela posait toutefois d'autres problèmes. Quentin devait se montrer particulièrement vigilant aux briquets qui circulaient parmi les jeunes dont il s'occupait. Même si les cigarettes étaient interdites, il savait bien que certains fumaient en cachette dès qu'ils en avaient l'occasion. Or les herbes hautes, jaunies par le soleil d'été et les arbres assoiffés du bois tout proche, ne demandaient qu'à s'embraser à la moindre étincelle. Depuis une semaine, le jeune animateur avait déjà confisqué quatre briquets, mais il savait bien que d'autres étaient encore cachés au fond des sacs.

Il sortit de sa tente et prit le temps d'admirer, comme chaque matin, le cadre idyllique dans lequel il se trouvait. La prairie dans laquelle étaient dressées les tentes avait pour toile de fond les Alpes, dont certains sommets, couverts de ces neiges dites éternelles qui s'amenuisaient pourtant chaque année, donnaient une impression de fraîcheur au cœur du mois d'août. Le soleil leur conférait une couleur rosée absolument féérique.

Quentin mit en route le petit-déjeuner avec Fanny et Xavier, les deux autres animateurs. Ils allèrent ensuite réveiller la vingtaine d'adolescents répartis dans les différentes tentes du camp. Des grognements presque inaudibles et des voix ensommeillées leur répondirent. Un bon quart d'heure plus tard, les premiers jeunes prirent place autour des tables où les attendaient bols de chocolat ou de thé, jus de fruits, pain beurré et céréales. Les moins matinaux mirent encore de longues minutes avant d'arriver. Au bout d'un moment, Quentin s'aperçut qu'une des places était restée vacante.

— Qui manque-t-il ? lança-t-il à la cantonade.

— C'est Axelle monsieur, répondit une jeune fille de dix-sept ans avec le sourire aguicheur qu'elle ne pouvait s'empêcher d'arborer dès qu'un représentant de la gent masculine lui adressait la parole.

— Où est-elle ? Encore dans la tente ? Elle dort toujours ?

— Ça, je ne sais pas si elle dort, mais ce que je peux vous dire, c'est qu'elle n'est pas dans la tente pas plus qu'elle n'y était cette nuit, fit l'adolescente d'un ton malicieux.

— Comment ça ?

— Je pense qu'elle a passé la nuit dehors, annonça la jeune fille, appuyant ses propos de mimiques renforçant son sous-entendu.

Certains sifflets s'élevèrent dans la salle.

— Taisez-vous ! intima Quentin en jetant un regard circulaire à l'assistance.

Puis, s'adressant de nouveau à l'adolescente :

— Tu ne pouvais pas nous prévenir ?

— Eh, Quentin, je suis pas une balance ! Axelle fait ce qu'elle veut de ces nuits et avec qui elle veut !

- Bien. Quelqu'un sait-il où est Axelle ?

Personne ne moufta.

— Restez ici avec eux, demanda-t-il à Fanny et Xavier. Je vais voir où elle est.

L'un des jeunes assis à table se leva et insista pour accompagner l'animateur. C'était Simon, le frère jumeau d'Axelle.

— Laisse-moi juste cinq minutes pour me changer et je viens avec toi, demanda-t-il.

— OK, je t'attends ici.

Le jeune homme reparut quelques minutes plus tard. Il avait troqué son tee-shirt "I'm the king of the night" contre un autre "Nobody's perfect excepted me" et ses espadrilles délavées contre des baskets boueuses.

Une demi-heure plus tard, l'animateur, qui commençait à sentir l'angoisse monter en lui, dut se rendre à l'évidence : Axelle était introuvable et il n'avait absolument aucune idée de l'endroit où elle pouvait bien être. Après le petit-déjeuner, moniteurs et jeunes du camp de vacances fouillèrent ensemble les alentours, sans succès. Vers 10 h 00, Quentin se résolut à appeler la gendarmerie.

L'ENQUÊTE

Les hommes du commandant Croze ne tardèrent pas à arriver. On ne plaisantait pas avec la disparition de mineurs. Ils passèrent la prairie et les bois environnants au peigne fin sans succès. On fit sentir à un berger allemand, tenu par un maître chien, un vêtement de la jeune fille disparue. Il mena les gendarmes à travers les bois, jusqu'à un lac non loin. Là, il renifla encore à droite et à gauche puis s'arrêta en aboyant en direction de l'eau.

– *On dirait que les traces s'arrêtent ici,* crut bon de noter son maître.

Quentin et Simon, qui avaient suivi de très près les investigations, concernés plus que tous les autres par cette disparition, se regardèrent sans échanger un mot. Le commandant Croze leur expliqua que son équipe allait inspecter tous les abords du lac, suivant la procédure. Ensuite seulement, si les recherches s'avéraient infructueuses, la brigade fluviale serait dépêchée sur les lieux pour procéder au dragage du lac.

Le retour des trois hommes au campement fut plutôt morose. L'heure n'était plus à la plaisanterie grivoise chez les adolescents, qui commençaient à prendre la mesure de la gravité de la situation. Plusieurs adressèrent des sourires ou des accolades à Simon, en signe de soutien. Il ne semblait même pas les voir. Tous avaient pu constater à plusieurs reprises durant la semaine combien les jumeaux étaient proches, s'asseyant le plus souvent côte à côte à table, se retrouvant régulièrement lors des temps libres pour jouer ensemble ou discuter.

Le capitaine Croze demanda à Quentin s'il pouvait s'entretenir seul à seul avec la meilleure amie de la jeune disparue pendant que ses hommes poursuivaient les investigations. L'animateur alla chercher Suzon, avec qui Axelle avait sympathisé dès le premier jour et dont elle était vite devenue très proche.

– *Mademoiselle, je vous remercie d'avoir accepté de répondre à mes questions,* commença-t-il.

– *C'est le moins que je puisse faire colonel.*

– *Je suis commandant mais cela n'a pas d'importance. Quel genre de jeune fille est Axelle ?*

– *Du genre normal. Je veux dire, c'est une fille sympa, drôle. Certaines la trouvent trop réservée et c'est vrai qu'elle l'est un peu, mais cela n'est rien à côté de son frère !*

– *S'entend-elle bien avec les autres jeunes du camp ?*

– *Oui, comme je vous dis, elle est sympa. Pas le genre à prendre la tête aux autres ou à faire des histoires. Il y a juste une fille avec qui ça ne passe pas du tout. Elle s'appelle Marie. Excusez-moi du terme mais c'est une grande gueule, qui sait toujours tout mieux que tout le monde et Axelle a vraiment du mal avec elle. Mais ce n'est pas la seule, moi, je l'évite aussi et une autre fille de notre tente, Emma, s'est carrément fritée avec elle méchamment hier soir.*

– *Axelle a-t-elle pris parti ?*

– *Non,* répondit la jeune fille, gênée. *Elle n'était pas là à ce moment-là.*

– *Avait-elle déjà disparu ?*

– *Non…*

– *Pourquoi est-ce que j'ai l'impression désagréable que vous me cachez quelque chose mademoiselle ?*

– *En fait, c'est que… Je ne voudrais pas qu'Axelle se fasse taper sur les doigts à cause de moi quand vous la retrouverez.*

– *Dans l'immédiat, tout ce que je souhaite, c'est la retrouver justement. Si elle a fait des bêtises, je vous demande de me le dire. On ne lui en tiendra pas rigueur. Parlez.*

– *Oh non, pas des bêtises genre voler un truc ou enfreindre la loi, ce n'est pas ce que je voulais dire !*

– *Alors quoi ?*

– *Ben voilà. Depuis le début du camp, il y avait un mec qui tournait autour d'Axelle. Martin. Il y a trois jours, ils sont sortis ensemble, pendant le temps libre. En fait, on en a un tous les jours en fin d'après-midi, de 17 h 00 à 19 h 00. Je les ai vus partir tous les deux en direction du bois et revenir deux heures plus tard, un sourire jusqu'aux oreilles.*

– *Axelle a revu ce garçon hier pendant le temps libre ?*

– *Oui, comme elle l'avait déjà fait le jour d'avant. Elle m'a demandé de la couvrir, parce qu'elle ne voulait pas que les autres soient au courant. Principalement les animateurs, bien sûr, mais aussi son frère. Elle pensait qu'il n'apprécierait pas trop. Apparemment, il est très protecteur.*

– *Et elle est revenue à 19 h 00 ?*

– *Oui. Même un peu avant. Elle tenait à tout prix à me parler. Elle l'avait fait !*

– *Fait ?*

– *L'amour ! Avec Martin, dans les bois. C'était sa première fois. Elle m'a tout raconté. Vous ne le direz à personne n'est-ce pas commandant ?*

– *Je vous promets de garder le secret, sauf si l'enquête me contraint à le révéler. Quand l'avez-vous vue ensuite pour la dernière fois ?*

– *Elle était là au dîner et à la veillée. Vers 23 h 30, elle est allée se coucher avec moi et les trois autres filles de notre tente. Elle s'installe toujours à côté de la porte de la tente, parce qu'elle a souvent des envies de pipi nocturne. Je suis tombée comme une souche, parce qu'on avait fait une rando de cinq heures dans la journée. Quand je me suis réveillée ce matin, elle n'était plus là. Je me suis dit qu'elle avait dû découcher pour rejoindre Martin et je ne me suis pas inquiétée.*

– *Quelle heure était-il ?*

– *Je dirais 7 h 30 à peu près.*

Le commandant demanda ensuite à la jeune fille de l'accompagner jusqu'à sa tente pour lui indiquer s'il manquait certaines des affaires personnelles de la disparue.

– *Pour ce qui est de son sac, je ne peux pas vraiment vous dire, parce que je ne sais pas ce qu'il y avait dedans au départ.*

– *Et le reste ?*

– *Son duvet est là. Par contre, c'est bizarre, il manque son oreiller. Avec les autres filles, on s'était un peu moquées d'Axelle le premier jour à cause de ça. Dormir sous la tente avec un oreiller ! Elle disait qu'elle ne pouvait pas s'en passer.*

– *Remarquez-vous autre chose ?*

– *Oui, c'est curieux, les vêtements qu'elle avait hier sont là et ses chaussures aussi.*

Les recherches sur les rives du lac n'ayant rien donné, la brigade fluviale fut appelée pour en draguer le fond. Moins d'une heure après la mise à l'eau du Zodiac, les gendarmes remontaient le corps sans vie d'Axelle Nereyre. Elle était vêtue de son seul pyjama et ne portait pas de chaussures ni de chaussettes. Autour de son cou, les enquêteurs découvrirent une chaîne à laquelle était accroché un pendentif en or au métal patiné. C'était une moitié de cœur brisé, sans aucune marque ni gravure.

La réaction de son frère jumeau fut à son image, peu démonstrative. Une larme unique coula de son œil gauche sur son visage fermé, semblant ne vouloir jamais s'arrêter. Il prononça simplement ces quelques mots :

– *Pourquoi a-t-elle fait ça ?*

La gendarmerie prévint immédiatement du drame le père et la mère d'Axelle, qui arrivèrent plus tard dans la soirée. Les autres parents furent également contactés pour les informer qu'en raison de ce drame, le camp devait fermer prématurément. Le lendemain vers midi, tous les adolescents étaient rentrés chez eux.

Le corps de la défunte fut emporté par les gendarmes pour être autopsié. Il faudrait encore cinq jours pour qu'il soit rendu à la famille afin qu'elle puisse procéder à l'inhumation. Pendant ce temps, l'enquête suivait son cours. Les techniciens de la police scientifique avaient été envoyés sur les lieux à la recherche d'indices d'un crime éventuel mais la thèse du suicide était privilégiée. Même si Axelle Nereyre semblait une jeune fille équilibrée et bien dans sa peau, ce que confirmèrent ses parents et son frère, elle n'en restait pas moins une adolescente. Le commandant Croze savait combien l'on est vulnérable à cet âge-là, et combien on se confie peu, a fortiori à ses parents.

Les parents du jeune Martin, un lycéen de dix-sept ans, acceptèrent que leur fils s'entretienne seul à seul avec le commandant. Il fut donc reçu à la gendarmerie, où Croze tenta en vain de le mettre à l'aise, en lui proposant un soda, qu'il refusa.

– *Je vous remercie d'être venu,* commença Croze d'un ton engageant. *Je voudrais que vous m'aidiez à y voir plus clair sur les circonstances dans lesquelles votre amie Axelle Nereyre a trouvé la mort.*

– *Ce n'était pas vraiment mon amie,* rétorqua l'adolescent, sur la défensive.

– *Votre « petite » amie, alors ?*

– *Non plus.*

– *Ce n'est pas ce que nous a dit Suzon Faure.*

– *Eh bien Suzon Faure ferait mieux de la fermer et de se mêler de ses affaires.*

– *Elle m'a pourtant affirmé qu'Axelle et vous avez eu une relation sexuelle quelques heures avant sa mort.*

– *Cette fille est complètement mytho. Ou alors c'était Axelle. En tout cas, je vous le répète, je ne suis jamais sorti avec elle, ce n'était pas ma petite amie. Je ne la connaissais pas avant le camp et je ne l'aurais certainement jamais revue après. D'ailleurs, je sortais déjà avec une fille de mon lycée, Noëlle.*

– *J'imagine que vous n'avez donc rien de plus à me dire sur Axelle Nereyre ?*

– *Vous imaginez bien commandant. Je peux m'en aller ?*

POUR EN SAVOIR PLUS

La noyade est la troisième cause de décès accidentel dans le monde, après les accidents de la route et les chutes. Depuis 2001, l'Institut national de veille sanitaire (INVS) mène régulièrement des enquêtes de surveillance épidémiologique des noyades. En 2012, 1 238 noyades accidentelles ont été recensées en France, dont 497 décès, entre le 1er juin et le 30 septembre, la période estivale étant naturellement la plus à risque. On note que 43,1 % des noyades mortelles se sont produites en mer et plus précisément dans la bande des 300 mètres. Chaque année, dans notre pays, on comptabilise plus d'une centaine de noyades intentionnelles, qu'il s'agisse de suicides ou d'agressions.

– *J'ai une dernière question. À quelle heure êtes-vous allé vous coucher la nuit où Axelle a disparu ?*
– *C'était après la veillée. Les animateurs nous ont envoyés dans nos tentes vers 23 h 30. On y est allé fissa, avec Quentin, vaut mieux pas discuter. Une fois dans la tente, on a joué au tarot pendant une heure environ et puis on a éteint.*

Les résultats de l'autopsie, mirent encore plusieurs semaines à être connus, en raison des délais inhérents aux analyses toxicologiques et aux examens d'anatomopathologie. Lorsqu'il en prit connaissance, le commandant Croze se dit qu'une fois de plus, il ne fallait pas se fier aux apparences. Cette enquête s'annonçait plus complexe que prévu.

Et vous, qu'en pensez-vous ? Axelle Hereyre s'est-elle réellement donné la mort en se noyant volontairement ? Sinon, qui l'a tuée, comment et pourquoi ?

ANNEXES

PIÈCE À CONVICTION RETROUVÉE DANS LE BOIS PRÈS DU CAMP

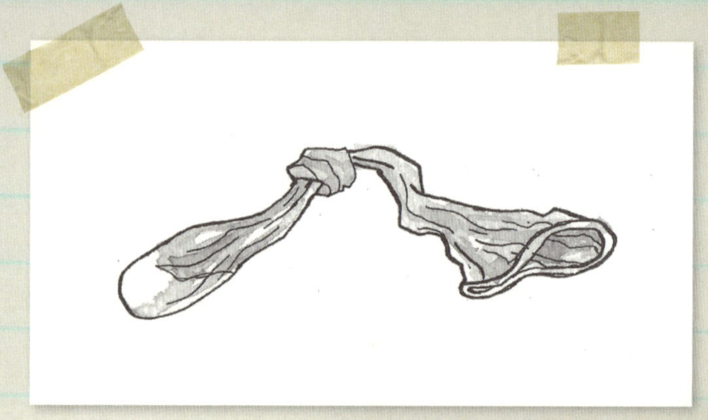

PHOTO PRISE AVEC LE TÉLÉPHONE PORTABLE D'AXELLE NEREYRE À 17 H 12 LE JOUR DE SA MORT.

PIÈCE À CONVICTION
RETROUVÉE DANS LA BOUCHE D'AXELLE NEREYRE

PIÈCE À CONVICTION
RETROUVÉE SUR LA RIVE DU LAC

EXTRAIT DU RAPPORT D'AUTOPSIE DU DOCTEUR MAURICE JUGNOT, MÉDECIN LÉGISTE MANDATÉ PAR LE PROCUREUR DE LA RÉPUBLIQUE

• Analyse toxicologique
Résultats : néant

• Examen d'anatomopathologie :

L'examen externe montre des lésions au niveau du visage, cyanosé, ainsi qu'un piqueté hémorragique sur la face, le cou et les épaules.

L'examen interne est dominé par des lésions congestives et hémorragiques constatées sur l'ensemble des viscères :

- Le foie et les reins sont congestifs.
- Un œdème pulmonaire franc a été constaté dans les poumons, qui sont sombres, violacés, très congestifs et gorgés de sang. Les plaques saillantes lenticulaires à la surface des poumons indiquent une possible lutte contre l'asphyxie.
- Les cavités cardiaques droites sont remplies de sang, à l'inverse des cavités gauches.
- Les voies aériennes supérieures sont entravées par un spume sanglant, les muqueuses, congestionnées, présentent une couleur rouge.

Conclusions :
L'étiologie plaide en faveur d'une asphyxie par obstruction ou compression mécanique des voies respiratoires, ayant entraîné la mort.

SOLUTION PAGE 89

SÉRIE AU FIRMAMENT

Les prémisses

Akira Yamagata et son mari marchaient d'un bon pas. Ce couple de touristes japonais était arrivé deux jours auparavant de Tokyo, pour un séjour express dans la capitale française. Dès le lendemain, ils reprendraient la route, en direction des châteaux de la Loire. La veille, leur guide les avait bien sûr emmenés visiter la tour Eiffel, passage obligé pour les visiteurs nippons, qui avaient photographié la Dame de fer sous toutes les coutures, provoquant à plusieurs reprises l'exaspération des autres touristes à qui ils bloquaient le passage. Après un déjeuner typique dans une brasserie parisienne noire de monde, où monsieur Yamagata avait poussé l'exotisme jusqu'à goûter du camembert après son châteaubriand, leur gros car climatisé aux vitres fumées les avait déposés au Louvre. La visite s'était effectuée au pas de course. Pas le temps de jeter un œil aux collections d'art islamique, aux antiquités orientales ou aux arts graphiques. La guide, une petite femme à énormes lunettes et au parapluie rouge greffé au bras en signe de ralliement, les avait immédiatement conduits dans la salle des États, où était exposée la star du musée, la célèbre Joconde. Personne dans le groupe n'avait tiqué en avisant la longue file, contenue par un cordon de sécurité, qui le séparait encore de l'œuvre tant attendue. La placidité nipponne ne souffrait pas d'exceptions. En revanche, M. Yamagata s'était déclaré déçu quant à la taille de la toile. Peu versé dans les beaux-arts, il ne comprenait pas qu'un tableau de 77 x 53 cm – d'après les dimensions trouvées dans son guide de Paris – puisse susciter une telle frénésie. Il avait néanmoins pris une dizaine de photos du chef-d'œuvre de Léonard de Vinci, après s'être assuré d'avoir désactivé le flash. Était venu ensuite le tour de la Vénus de Milo, exposée dans l'angle de la tour Carrée. Puis il avait fallu remonter pour admirer la dernière œuvre prévue au programme : le célèbre scribe accroupi. Sur les 226 objets présentés dans le département des Antiquités égyptiennes, cela avait été le seul devant lequel la guide s'était arrêtée.

En ce matin d'août, après une soirée passée au Lido et une bonne nuit de sommeil dans un hôtel à clientèle 100 % asiatique, le couple Yamagata se sentait prêt à attaquer une nouvelle journée marathon. Toutefois, le rendez-vous avec le groupe n'étant fixé qu'à 11 heures dans le hall de l'hôtel, ils s'étaient dit qu'ils avaient le temps de partir explorer l'Île de la Cité, toute proche, avant l'heure dite. Ils empruntèrent la rue du Petit-Pont, dont les boutiques de souvenirs n'avaient pas encore levé le rideau de fer, puis traversèrent la Seine pour rejoindre le parvis de Notre-Dame. Ils n'entrèrent pas dans la cathédrale, qu'ils devaient visiter plus tard dans la journée avec le groupe mais empruntèrent l'allée piétonne qui longeait le fleuve. Ils parvinrent au square Jean XXIII, où ils comptaient s'asseoir un moment avant de poursuivre leur promenade. Là, sur un banc face à eux, était assise une jeune femme, droite comme un I dans sa robe lamée or. Les yeux clos, elle semblait dormir.

M. Yamagata enleva le cache de son objectif et prit une photo.

L'ENQUÊTE

Le commissaire Dourte, accompagné des lieutenants Bouvier et Blanchet, arriva sur l'île de la Cité vers 10 h 00. Éteignant la sirène et le gyrophare bleu qui lui avaient permis de gagner de précieuses minutes, il gara le véhicule à côté du fourgon des gardiens de la paix, qui avaient déjà installé des cordons de sécurité autour de la zone pour empêcher le passage des badauds. La police avait été prévenue par Mme Akizuki, une guide japonaise s'exprimant avec un fort accent nippon. Elle avait expliqué que deux personnes du groupe de touristes dont elle avait la charge avaient découvert une femme morte dans le square Jean XXIII. Incapables de s'exprimer en anglais et moins encore en français, elles étaient venues la trouver pour qu'elle serve d'intermédiaire. Mme Akizuki était très contrariée par ce désagréable imprévu, qui mettait à mal la mécanique bien huilée de sa journée de visite. Le policier chargé de prendre sa déposition expédia les formalités au plus vite, non tant pour faire plaisir à cette dame acariâtre que pour couper court à ce qu'il soupçonnait être des noms d'oiseaux en japonais.

– *On dirait que Golden Boy a encore frappé,* constata Lucie Bouvier en observant la tenue et la posture de la victime.

– *En effet lieutenant. Malheureusement, c'était prévisible, étant donné la date. Si seulement on avait réussi à anticiper cette fois. On aurait enfin pu coincer ce salopard avant qu'il ne fasse une huitième victime.*

– *On y arrivera chef. Un de ces jours, Golden Boy fera un faux pas, et ce jour-là, nous serons présents pour le cueillir.*

– *J'espère que vous avez raison lieutenant. Mais faites-moi plaisir, arrêtez de l'appeler Golden Boy. Ça fait super-héros.*

– *Comme vous voudrez chef.*

Golden Boy. Cela faisait depuis le mois de janvier que la police cherchait à lui mettre la main dessus. Ce tueur en série, qui tenait en haleine la police judiciaire de la capitale, venait de faire une huitième victime, vêtue comme les autres, d'une robe de soirée lamée or, mettant en valeur ses courbes généreuses figées à jamais dans la mort. C'est le choix de l'accoutrement de ses victimes qui avaient valu au tueur son surnom de Golden Boy. Lui, pourtant, ne signait pas de ce nom-là, ni d'aucun autre nom d'ailleurs, les lettres qu'il laissait bien en évidence à côté de chaque cadavre, à destination de la police, comme pour la narguer. Cette fois-ci encore, comme les sept précédentes, le lieutenant Blanchet trouva une enveloppe bleue cachetée à la cire glissée dans une fente du banc. Et cette fois-ci encore, comme les sept précédentes, la police scientifique n'y découvrirait aucune empreinte, le policier le savait. Il l'ouvrit de ses mains gantées de latex, tout en connaissant d'avance la teneur du message qu'il y trouverait.

– *Alors ?* demanda son chef, le regard interrogateur.

– *Comme d'habitude chef,* dit le lieutenant en passant une main sur son crâne dégarni.

– *Mettez-moi ça dans un sachet plastique, qu'on l'analyse.*

Le commissaire inspecta le pli du coude droit de la victime. Il ne fut pas surpris d'y découvrir une trace de seringue.

– *Apparemment, elle a été empoisonnée, comme les autres. J'ai bien peur que ce meurtre ne nous donne pas plus d'indices que les précédents quant à l'identité du meurtrier,* se lamenta-t-il.

Lucie Bouvier aimait bien le commissaire Dourte. Mieux : elle l'admirait. Il faut dire que l'homme avait son métier dans la peau. Reçu major de son DEA de droit à l'université, il avait passé le concours de commissaire dans la foulée, et l'avait obtenu, à 33 ans à peine, devenant ainsi le plus jeune commissaire de France. Son premier choix d'affectation avait été la Direction régionale de la police judiciaire de Paris. Dix ans plus tard, il s'y trouvait encore. Il aimait trop le terrain pour chercher à glaner de plus hautes fonctions qui l'en auraient éloigné. Depuis qu'il occupait ce poste, il pouvait se targuer d'avoir mis des centaines de criminels derrière les verrous. Menant son équipe d'une poigne de fer, ce grand brun au visage énergique, qui en imposait naturellement, avait résolu bon nombre d'affaires complexes. Pourtant, aujourd'hui, le lieutenant Bouvier le sentait désemparé. Lui qui ne supportait pas l'échec se cassait les dents sur cette enquête. Même si cela était contraire à ses principes, il avait accepté qu'on mette les médias au courant de l'affaire, au cas où cela permettrait de trouver une piste qui mènerait au meurtrier. Certains détails avaient été tenus secrets, comme le calendrier des meurtres (les enquêteurs ne voulaient pas provoquer de psychose) ou les lettres laissées à côté des corps mais beaucoup d'autres, comme le mode opératoire ou la tenue des victimes, avaient été révélés. « Golden Boy », ça venait des journaux bien sûr.

La victime se nommait Amanda Starck. C'était une femme de 35 ans, célibataire, sans enfant. Venue à Paris pour ses études de lettres à la Sorbonne, elle n'en était plus jamais repartie. Après avoir enchaîné les petit boulots, de remplacement de prof de français en collège à vendeuse au rayon parascolaire dans une librairie, elle avait finalement trouvé un emploi stable dans une société qui faisait de l'événementiel. Elle s'occupait de la communication écrite de l'entreprise et des relations clients. Son profil correspondait assez bien à celui des autres victimes, même si elle était légèrement plus âgée. Le tueur ne s'en prenait qu'à des femmes jeunes, minces et blondes aux cheveux longs. La police pensait qu'il les repérait au hasard dans la rue, puis qu'il les suivait. Il était possible qu'il les file jusqu'à chez elles mais rien n'était moins sûr, aucune n'ayant été retrouvée morte à son domicile. L'assassin devait les surprendre. Peut-être usait-il d'un stratagème pour qu'elles le suivent car aucune ne présentait de marques de lutte ou d'entraves aux chevilles ou aux poignets. Il les tuait en leur injectant une dose létale de phénol dans le bras, puis ôtait leurs vêtements et les remplaçait par la fameuse robe lamée. Ensuite, il les déposait invariablement sur un banc, dans un lieu public plus ou moins fréquenté. La première victime avait été retrouvée assez rapidement, non loin de l'Opéra, par un monsieur sorti promener son chien. De même, la cinquième, place de la Bastille, n'avait mis que peu de temps avant d'être découverte, en raison du passage important à cet endroit. Inversement, la victime n°4 était restée toute une journée sur un banc dans une petite rue du XXe arrondissement, non loin du boulevard Mortier. Ce n'est que le soir qu'un commerçant du quartier s'était étonné de la présence de cette jeune femme en robe de soirée, qu'il avait déjà remarquée le matin en allant travailler.

Le rituel semblait donc être immuable, tout comme la pose qu'il faisait prendre aux jeunes femmes. Assises jambes croisées, bien droites, on aurait dit qu'elles attendaient le bus, n'eussent été leurs yeux, fermés, qui donnaient aux passants l'impression qu'elles s'étaient assoupies.

Comme ils l'avaient déjà fait sept fois auparavant depuis le mois de janvier, les enquêteurs procédèrent à une enquête de voisinage au cas où quelqu'un aurait vu ou entendu quelque chose. Ils faisaient du porte à porte, en présentant une photo de la victime, prise par la police

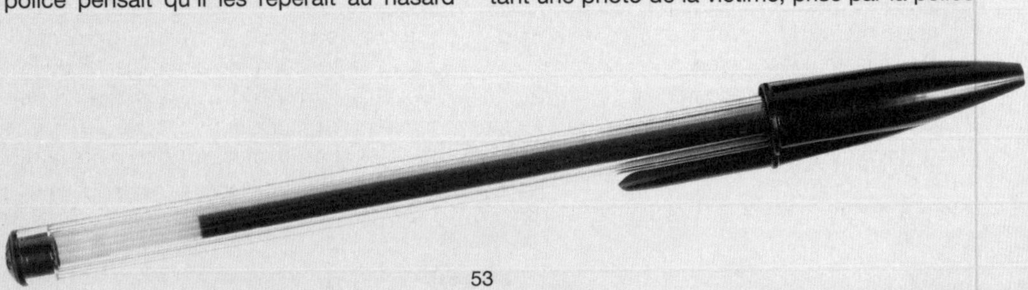

au moment de la découverte du corps. Malheureusement, on était à Paris et l'individualisme ambiant faisait que même la voisine du dessus d'Amanda Starck affirma ne jamais l'avoir vue. Les enquêteurs purent contacter certains amis de la victime, dont ils avaient trouvé les coordonnées dans son agenda mais ils n'apprirent rien qui puisse les faire progresser dans leur enquête. À l'agence Tom-Tom, qui employait la jeune femme, une collègue d'Amanda apprit au lieutenant Bouvier que cette dernière était quelqu'un d'assez réservé, plus à l'aise à l'écrit qu'à l'oral, peu encline à s'épancher sur sa vie privée devant la machine à café. Elle s'étonna aussi en voyant la photo :

– *C'est curieux, l'Amanda que je connais est brune.*

– *Changeait-elle souvent de couleur de cheveux ?*

– *Jamais, à ma connaissance.*

– *Quand avez-vous vu Amanda pour la dernière fois ?*

– *La veille de sa mort. Elle était venue travailler à l'agence, comme d'habitude… et elle était brune !*

– *A-t-elle eu un comportement bizarre ? Avez-vous remarqué quelque chose qui sortait de l'ordinaire ?*

– *Non, rien du tout.*

– *Savez-vous si elle est rentrée directement chez elle après le travail ce soir-là ?*

– *Non, je ne sais pas. Ah si, maintenant je me rappelle. Paul, un collègue, a renversé son café sur elle en la percutant sans le faire exprès. Elle a pesté en disant qu'elle serait obligée de repasser chez elle se changer avant d'aller à la brasserie des Trois Meuniers. Ou des Deux Meules. Un truc comme ça.*

Le lieutenant Lucie Bouvier quitta l'agence Tom-Tom. Elle trouva sans trop de difficulté la brasserie des Deux Moulins. Elle montra la photo d'Amanda Starck à la serveuse, qui la reconnut immédiatement :

– *Oui, je me souviens très bien d'elle. Elle venait régulièrement ici. Sauf qu'elle n'était pas tout à fait comme ça. La coiffure peut-être… ou alors elle avait des lunettes ?*

– *La couleur des cheveux ?*

– *Oui, c'est ça, ils étaient plus foncés.*

– *Vous vous rappelez autre chose ?*

– *Oui, la dernière fois qu'elle est venue, vendredi, elle était avec un homme, brun, la quarantaine. Au début du repas tout allait bien puis ils se sont disputés assez violemment. J'ai entendu la jeune femme dire qu'elle voulait le quitter et l'homme n'avait pas l'air d'accord ! Il a fallu que le patron intervienne pour calmer le jeu, ça commençait à faire désordre cette agitation. L'homme s'est excusé, il a posé un billet de 50 euros sur la table et il est sorti.*

– *Et la jeune femme ?*

– *Elle a demandé un café, l'a bu en vitesse, puis elle est partie elle aussi.*

– *Quelle heure était-il ?*

– *Je n'ai pas vraiment fait attention. Peut-être 21 h 30, quelque chose comme ça.*

– *Pourriez-vous venir avec moi au commissariat pour nous aider à établir un portrait-robot de cet homme ?*

– *Bien sûr, si cela peut vous être utile.*

Le lieutenant Blanchet s'était quant lui occupé de prévenir les parents d'Amanda, qui habitaient Roubaix. Leur fille leur avait dit fréquenter un homme depuis quelques semaines. Ils n'avaient pas encore eu l'occasion de le rencontrer et Amanda n'avait pas dit grand-chose sur lui. Ils savaient simplement qu'elle avait fait sa connaissance lors d'une soirée à la mairie organisée par sa société. La dernière fois que Mme Starck avait eu sa fille au téléphone, cette dernière lui avait fait savoir qu'elle comptait mettre un terme à cette relation, dans laquelle elle ne parvenait pas à s'épanouir.

Le rapport d'autopsie, connu quelques jours plus tard, confirma ce que les enquêteurs avaient pressenti. Le mode opératoire était rigoureusement identique aux précédents. Même poison et même méticulosité du meurtrier, qui jusqu'à présent n'avait jamais laissé aucune trace sur les lieux de ses forfaits : ni mégots de cigarettes, ni cheveux sur les vêtements des victimes, ni empreintes, même partielles. Le commissaire et son équipe désespéraient

POUR EN SAVOIR PLUS

On utilise le terme de tueur en série (serial killer, en anglais) lorsqu'un meurtrier tue au moins trois personnes à des endroits et à des moments différents. Il peut s'écouler jusqu'à plusieurs années entre deux crimes. En général, le tueur en série n'a aucun lien avec ses victimes, ce qui rend le travail des enquêteurs extrêmement difficile. La technique d'analyse criminelle et comportementale (parfois appelée profilage) peut permettre de dresser le profil psychologique du tueur afin de l'identifier.

de coincer ce type un jour, d'autant qu'on n'avait pu identifier aucun élément reliant ses victimes entre elles ou à une connaissance commune. Le tueur, imprévisible, frappait apparemment au hasard, ce qui rendait la police impuissante.

Dourte tournait comme un lion en cage dans son bureau, lisant et relisant le dossier de l'affaire en vain. Le lieutenant Lucie Bouvier aurait fait n'importe quoi pour l'aider à résoudre ce mystère. Un soir, alors que tous ses équipiers étaient rentrés chez eux, laissant la place à leurs collègues de nuit, elle s'enferma au calme dans un bureau et reprit un à un tous les indices dont la police disposait. Elle examina d'abord les lettres retrouvées à proximité des victimes. Ensuite, elle observa la carte de Paris, sur laquelle étaient pointés les huit lieux où le tueur avait installé les cadavres. Elle prit un peu de recul et trouva enfin la clef qui avait manqué jusqu'alors à la police pour comprendre l'itinéraire du meurtrier. Elle jubilait. Sa joie fut pourtant de courte durée. Elle remarqua vite que quelque chose clochait. Quelque chose qui perturbait la logique immuable du tueur en série.

À ce moment-là, le téléphone sonna. Elle décrocha. Une patrouille venait de retrouver le corps d'une autre jeune femme blonde, en robe lamée. Elle regarda les autres pièces à conviction et comprit, horrifiée.

Qu'est-ce que le lieutenant Bouvier a découvert ?

Que s'est-il vraiment passé la nuit du meurtre d'Amanda Starck ?

ANNEXES

CALENDRIER AVEC INDICATION DES DATES DES HUIT MEURTRES

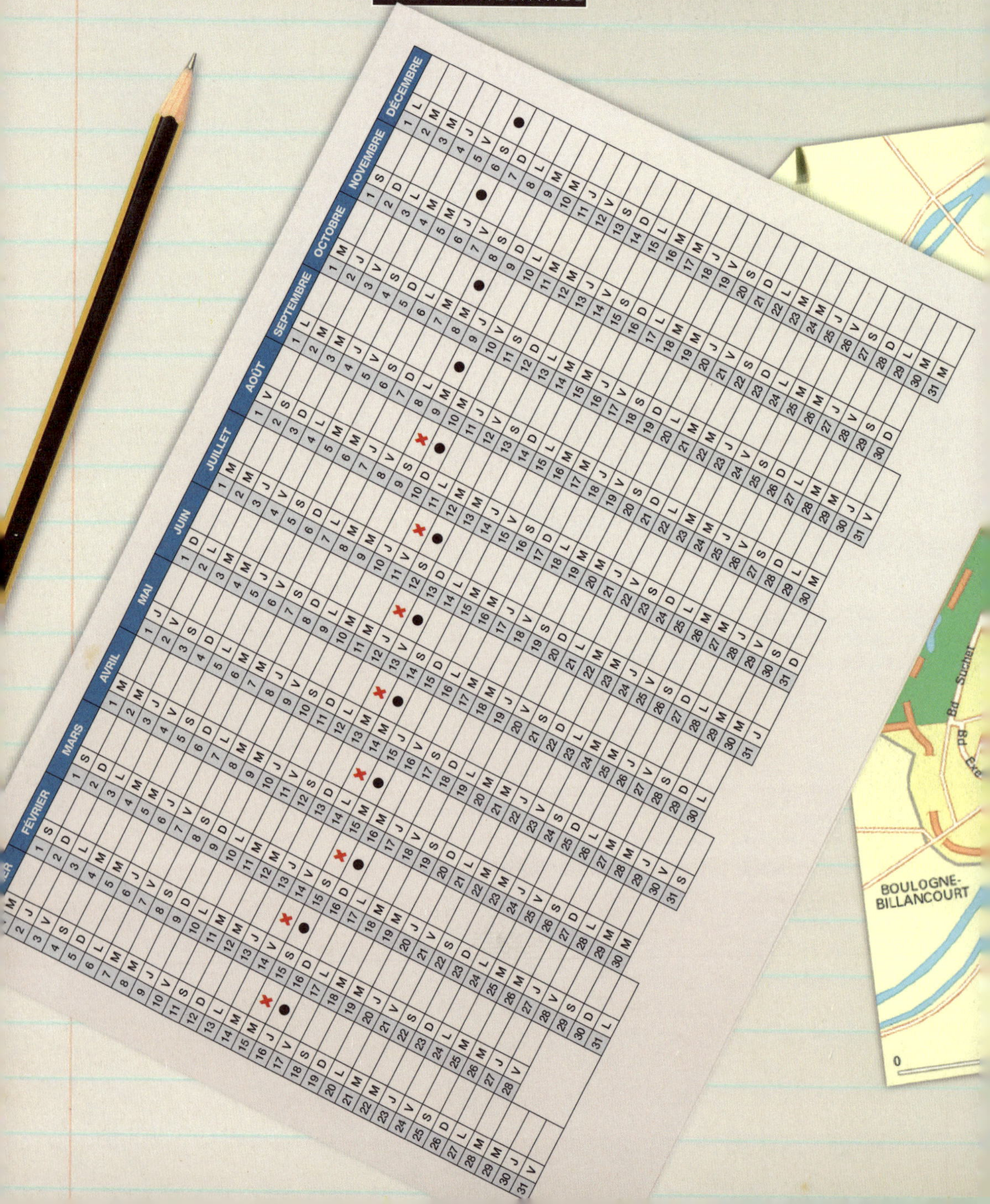

CARTE DE PARIS AVEC INDICATION DES LIEUX OÙ LA POLICE A RETROUVÉ LES HUIT CORPS, DANS L'ORDRE CHRONOLOGIQUE.

MESSAGE RETROUVÉ
À PROXIMITÉ
DU CORPS
D'HÉLÈNE GIBET
(VICTIME N°7).

Septième étoile qui illumine ma nuit.
Plus que trois et le cycle sera accompli.

Huitième étoile qui illumine ma nuit.
Plus que deux et le cycle sera accompli.

MESSAGE
RETROUVÉ À PROXIMITÉ
DU CORPS D'AMANDA
STARCK (VICTIME N°8).

PORTRAIT-ROBOT DE L'HOMME -
VU EN COMPAGNIE D'AMANDA
STARCK LE 08 08 2014
À LA BRASSERIE
DES DEUX MOULINS.

SOLUTION PAGE 90

MIEUX VAUT ÊTRE SEUL QUE MAL ESCORTÉ

Les prémisses

Mme Rosa dirigeait l'agence d'escort girls la plus prisée de la Côte Ouest. Du moins, c'est ce qu'elle se plaisait à vanter auprès des clients potentiels qui poussaient la porte de sa florissante affaire. Cette ancienne prostituée d'origine mexicaine avait depuis longtemps délaissé les trottoirs de Los Angeles pour un business autrement plus rémunérateur et moins fatigant physiquement. Elle n'oubliait pas ses nuits moites passées à arpenter les trottoirs de la ville en attendant qu'une voiture s'arrête. À l'époque, Mme Rosa faisait dans le milieu de gamme et avait donc adapté sa fourchette de prix en conséquence. Lorsque les Dodgers[1] de Los Angeles remportaient un match, elle faisait moitié prix, pour attirer les supporters. À Noël, elle faisait des cadeaux en nature à ses clients les plus réguliers. Elle avait connu de nombreux déboires : mauvais payeurs, clients violents, avinés, voire les deux en même temps. Elle avait aussi vécu de bons moments, dont elle aimait à se souvenir avec une pointe de nostalgie : ce jeune puceau de 19 ans à qui elle avait fait découvrir le plaisir, ce comédien sans talent qui lui récitait des tirades enflammées en lui faisant l'amour.
Pour rien au monde pourtant, elle ne serait revenue en arrière. Ces années de tapin étaient loin derrière elle et elle comptait bien les y laisser. Elle avait toujours lutté contre l'appel des maquereaux, qui lui avaient proposé protection et carnet d'adresses bien rempli en échange de la moitié de ses gains. En bonne gestionnaire, elle avait très vite réussi à se constituer un petit pécule, qu'elle avait fait fructifier par des placements peu rémunérateurs mais sans risques. Dès que son magot avait été assez important, elle avait pris sa retraite de prostituée pour entamer une nouvelle carrière de chef d'entreprise. Elle avait monté sa société d'escort girls haut de gamme, Follow Me, sans l'aide de personne et s'était fait un nom et une réputation très facilement. Les raisons de son succès : sa discrétion absolue, condition sine qua non pour durer dans le métier, mais aussi et surtout un catalogue extrêmement bien fourni et très sélect. Les clients étaient souvent subjugués par la beauté des jeunes femmes mais encore plus souvent surpris par leur classe et leur érudition. Chez Mme Rosa, point de serveuses ou de caissières cherchant à arrondir leurs fins de mois. Les employées étaient étudiantes en médecine ou en droit, professeurs, architectes. Leur but était évidemment de gagner de l'argent mais elles cherchaient aussi à rencontrer des personnes influentes et à se constituer un réseau de connaissances qui pourrait leur être utile pour leur carrière.
Physiquement, elles étaient choisies pour correspondre aux différents canons de beauté en vigueur auprès de la clientèle. Blondes, brunes, rousses, cheveux longs ou courts, menues ou potelées, grandes ou petites, de type caucasien, afro-américain, mexicain, asiatique... Chaque homme pouvait ici trouver femme à son goût.

Si ce travail était moins exténuant physiquement que celui de prostituée, il n'en demandait pas moins à Mme Rosa un engagement personnel important et une vigilance constante. Non seulement elle devait veiller à ce que ses clients soient satisfaits des prestations qu'ils payaient grassement mais elle se faisait aussi un devoir de prendre soin de ses filles comme une vraie mère poule. Quand l'une d'entre elles avait un problème de trésorerie, elle lui faisait une avance, quand une autre manquait à l'appel, elle prenait des nouvelles dès qu'elle en était informée.
Et précisément, hier soir, Amy Waterspoon, l'une des dernières recrues de l'agence, n'avait pas honoré le dîner auquel elle devait se rendre en compagnie d'un jeune trader. Il avait appelé Mme Rosa, furieux, la critiquant vertement pour le manque de sérieux de ses filles, qui ne daignaient même pas appeler pour décommander. L'ancienne prostituée en avait pris pour son grade. Depuis, elle avait tenté de joindre Amy à plusieurs reprises sur son portable, sans succès. Elle avait donc décidé de faire le déplacement jusqu'au petit appartement loué par la jeune femme dans un quartier résidentiel, afin d'avoir une petite explication avec elle. Elle sonna mais personne ne vint ouvrir. Elle tenta de tourner la poignée et fut surprise de constater que la porte n'était pas fermée à clef. Elle entra dans l'appartement où elle découvrit sa protégée, sans vie, allongée sur le canapé.
— Jésus, Marie, Joseph ! fit-elle en se signant. Et elle appela la police.

---

1 Franchise de baseball de la Ligue majeure de baseball située à Los Angeles.

L'ENQUÊTE

Erin Altman, capitaine du Bureau of Investigation, fut chargée de mener l'enquête. Si les premiers policiers arrivés sur les lieux avaient d'abord cru à une overdose, compte tenu de la seringue vide retrouvée à côté du corps, le médecin légiste avait immédiatement et catégoriquement affirmé que ni cocaïne ni héroïne ne pouvaient expliquer les yeux exorbités et le faciès tragique de la jeune femme. Pour lui, il fallait chercher la cause de la mort ailleurs. En théorie, cette affaire ne dépendait pas de la juridiction d'Erin Altman mais dès que ses supérieurs avaient eu vent de l'affaire, ils la lui avaient confiée. Le nom de Mme Rosa était connu de tous dans les services et on savait que nombre d'hommes influents avaient déjà fait appel à son agence : chefs d'entreprises, banquiers, hommes politiques… Il s'agissait d'enquêter sans faire de vagues, car la plupart de ces hommes n'apprécieraient pas du tout que l'on sache qu'ils avaient un lien quelconque avec Follow Me. Erin Altman avait toutes les qualités de discrétion et d'efficacité requises pour ce travail. Elle convoqua Mme Rosa au commissariat pour prendre sa déposition.
– *Que pouvez-vous me dire d'Amy Waterspoon ?*
– *C'était une étudiante en pharmacie. Elle travaillait pour moi depuis quatre mois environ.*

– Quelles étaient ses relations avec vous ?

– Très bonnes. C'était une fille polie, ponctuelle, qui savait se mettre en valeur. Jamais je n'aurais imaginé qu'elle se droguait. J'aimais bien travailler avec elle et elle était très demandée par les clients. Bizarrement cependant, elle n'avait pas de clients réguliers. Tous se disaient très satisfaits de ses services mais aucun ne rappelait pour la redemander. À dire vrai, la plupart des clients qu'elle a accompagnés n'ont jamais rappelé l'agence du tout. D'ailleurs, je commençais à la soupçonner de me court-circuiter.

– C'est-à-dire ?

– Je pense qu'à l'issue des soirées, elle demandait aux clients qui souhaitaient la revoir de la contacter directement, sans passer par l'agence.

– Évidemment, cela lui évitait de vous verser une commission.

– Vous avez tout compris. Bien sûr, c'est strictement interdit par son contrat de travail. Mais elle ne serait pas la première à me faire le coup.

– Pourquoi vous étiez-vous rendue chez elle ce matin, pour lui demander des comptes ?

– Non, pas du tout ! Seulement, hier, elle devait rejoindre un homme dans un grand hôtel de la ville pour une soirée de bienfaisance et elle n'est jamais arrivée. Comme elle ne répondait pas au téléphone, j'étais venue voir si tout allait bien, c'est tout.

– Pourriez-vous me faire passer une liste de vos clients ?

– Mais… c'est que… c'est confidentiel.

– Madame Rosa, vous ne voudriez pas faire entrave à une enquête criminelle quand même ?

– Criminelle ? Je croyais qu'elle avait fait une overdose !

– Il est possible que la drogue ne soit pas la cause de la mort. J'imagine que je peux vous faire confiance pour garder ce secret ?

– Je serai muette comme une tombe, fit la femme en traçant une croix sur sa bouche de son index vernis de rouge carmin.

Et comment qu'elle serait muette ! Une fille qui se droguait, assassinée de surcroît, elle se passerait volontiers de cette publicité.

En fouillant l'appartement, les policiers s'étonnèrent du luxe de l'ameublement d'un simple F2 d'étudiante. Dans le salon, le canapé blanc en cuir de buffle trônait devant une table basse de designer. Sur la grande table, d'inspiration industrielle, était posée une lampe Pipistrello de Gae Aulenti. La vaisselle et les verres étaient raffinés, tout comme les rares objets de décoration savamment distillés ici et là. Le matériel hi-fi et électroménager était signé des meilleures marques. En observant la télévision, l'un des enquêteurs découvrit un appareil photo argentique miniaturisé, astucieusement fixé au bas de l'écran, qui faisait face au canapé.

POUR EN SAVOIR PLUS

Selon le rapport 2014 adressé à l'Observatoire européen des drogues et des toxicomanies, le nombre d'usagers problématiques, en France, en 2011, était compris entre 275 000 et 360 000 personnes (soit de 7 à 9 ‰), ce qui correspond à la moyenne de l'Union européenne. Les usagers à hauts risques de drogues sont en grande majorité des hommes (80 %) âgés de plus de 35 ans (54 %). Cette population, très vulnérable socialement, consomme en premier lieu alcool et cannabis, mais également des opiacés, de la cocaïne et des benzodiazépines.

– *Qu'est-ce que c'est que ce truc ?* fit-il en suivant le fil qui courait jusqu'à la prise.

– *On dirait que la victime aimait bien photographier ses visiteurs à leur insu,* commenta son collègue en s'approchant.

– *Il faut que nous trouvions les clichés. Cela nous permettra peut-être de comprendre ce qui a pu se passer.*

Les deux policiers retournèrent l'appartement, cherchant au fond des tiroirs de la cuisine, dans l'armoire à pharmacie, dans les boîtes à chaussures et même dans le réservoir d'eau des toilettes. Aucune trace de photo. Soit cet appareil n'avait jamais servi, soit les clichés s'étaient volatilisés.

Les policiers n'avaient pas réussi à joindre les parents de la victime pour les prévenir de la mort de leur fille. Lorsqu'elle les avaient vus tambouriner à leur porte, une voisine était sortie pour leur expliquer qu'ils étaient partis faire un trekking au Népal. Erin Altman devrait donc attendre leur retour pour s'entretenir avec eux. En revanche, la sœur d'Amy, Samantha, se présenta au poste dès qu'elle apprit la tragique nouvelle. La capitaine lui présenta ses condoléances puis l'interrogea :

– *Connaissiez-vous l'activité d'escort girl de votre sœur ?*

– *Oui, elle nous avait mis au courant, mes parents et moi, au moment de la rentrée scolaire. Mes parents ont été extrêmement choqués. Se faire payer 300 dollars pour passer la soirée avec un inconnu, pour eux, ce n'était rien d'autre que de la prostitution pure et simple. Leurs relations se sont beaucoup tendues après ça.*

– *Et vous ?*

– *Je ne peux pas dire que j'approuvais. Ce genre d'activité ne correspondait pas vraiment à ce que j'espérais pour elle. Mais c'était ma sœur et je me disais que je n'avais pas à la juger.*

– *Vous parlait-elle des hommes avec lesquels elle était sortie dans le cadre de son travail ?*

– *Un peu. Parfois, elle me racontait certaines soirées. Mais elle ne citait jamais de noms, elle disait en rigolant qu'elle était liée par le secret professionnel, comme les médecins !*

– *Savez-vous s'il lui est arrivé de passer plusieurs soirées avec un même client ?*

– *Je crois savoir qu'elle en a revu certains oui. Il y a quelques semaines, elle me disait par exemple qu'elle ne parvenait pas à faire un choix, parce que deux hommes qu'elle avait déjà accompagnés avaient requis ses services pour la même soirée. Elle m'a aussi raconté qu'il y en avait un qui s'était entiché d'elle. Il lui envoyait des fleurs avec des mots doux, ce genre de choses…*

– *Avait-elle répondu à ses avances ?*

– *Je ne sais pas. Mais ma sœur a toujours été un cœur d'artichaut… et elle ne me disait pas tout !*

– *Avait-elle un petit ami à votre connaissance ?*

– *Une fois, elle m'avait dit qu'entre ses études et son job d'escort, elle n'avait pas le temps. Et puis, cela lui semblait difficile de trouver un petit ami qui accepte qu'elle fasse ce travail.*

– *Pardonnez-moi de vous poser cette question mais saviez-vous qu'elle prenait de la drogue ?*

– *Amy ? Prendre de la drogue ! Vous êtes sûre ?*

– *Eh bien, nous ne sommes sûrs de rien pour l'instant mais nous avons retrouvé une seringue sur le canapé et un élastique noué autour de son bras.*

– *Je ne peux pas y croire. Elle qui me faisait la leçon dès que j'allumais une cigarette…*

– *J'ai encore une question, mademoiselle Waterspoon. Votre sœur avait-elle des ennemis, des personnes qui auraient eu des raisons de lui en vouloir ?*

– *Non, pas que je sache. Apparemment, contrairement à ce que je craignais quand elle a commencé son activité d'escort, elle n'avait jamais fait de mauvaises rencontres. Elle n'était pas tombée sur des types glauques ou violents, qui auraient voulu la forcer à aller plus loin que ce pour quoi elle était payée. À l'université apparemment, ça allait aussi, même si elle avait perdu un certain nombre de copains en leur révélant ce qu'elle faisait de ses soirées. Malgré tout, il y a trois semaines environ, elle m'a dit que si un jour elle avait des problèmes, il faudrait que j'aille voir la police et que je lui donne ceci.*

Elle tendit une petite clef au capitaine Altman avant de poursuivre :

– *Elle disait que c'était son assurance-vie. Je lui ai demandé de m'expliquer mais elle n'a rien voulu me dire de plus. J'avoue que cela m'a un peu fait peur sur le moment. Et à présent qu'elle est morte…*

Erin Altman remercia Samantha Waterspoon. À la clef, petite et carrée, était attaché un anneau avec une étiquette en plastique portant le numéro 453. La capitaine avait déjà vu suffisamment de clef de ce genre dans sa carrière pour savoir qu'il s'agissait très certainement de celle d'un coffre-fort. Heureusement, elle n'eut guère de difficulté à trouver son emplacement. Erin l'avait tout simplement loué dans la banque qui tenait son compte courant. La capitaine obtint sans problème une commission rogatoire pour avoir accès au coffre. Il contenait 8 000 dollars en liquide et des polaroïds.

De leur côté, les équipes de la police scientifique avaient achevé de traiter les différents indices recueillis sur la scène de crime. On allait enfin y voir plus clair dans cette affaire.

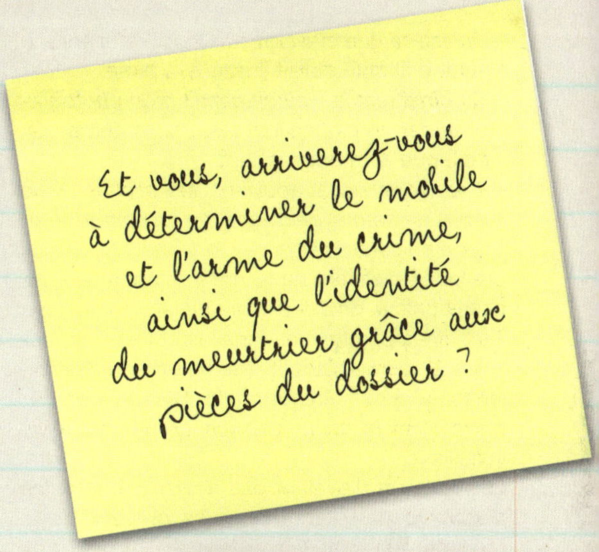

ANNEXES

EXTRAIT DU RELEVÉ DE COMPTE BANCAIRE D'AMY WATERSPOON

Compte de particulier n° 08905 008493094712

CFP
BANQUE

Solde au 05/12/2014
Titulaire : Amy Waterspoon

Date	Libellé	Débit	Crédit
05/12/2014	VIR RECU M. H		+4000 $
05/12/2014	CHEQUE 327	- 200 $	
05/12/2014	CARTE X2187 30/11	-26,00 $	
30/11/2014	CARTE X2187 REMBT		+35,20 $
29/11/2014	CARTE X2187 28/11	-240,54 $	
26/11/2014	CARTE X2187 24/11	-22,99 $	
26/11/2014	VIR RECU G. F.		+300 $
26/11/2014	CARTE X2187 RETRA	-40,00 $	
23/11/2014	CHEQUE 328	-19,82 $	
22/11/2014	VIR RECU P. H.		+4000 $
20/11/2014	PRELEVEMENT 51618	-596,00 $	
19/11/2014	CARTE X2187 17/11	-79,96 $	
19/11/2014	CARTE X2187 RETRA	-40,00 $	
15/11/2014	PRELEVEMENT 46741	-579,00 $	
15/11/2014	CARTE X2187 14/11	-140,00 $	
15/11/2014	VIR RECU T. S.		+ 300 $
13/11/2014	CARTE X2187 07/11	-17,20 $	
13/11/2014	CHEQUE 574	-60,00 $	
12/11/2014	CARTE X2187 10/11	-16,80 $	
12/11/2014	CARTE X2187 09/11	-23,50 $	
09/11/2014	CARTE X2187 07/11	-40,73 $	
05/11/2014	VIR RECU M.H.		+2000 $
08/11/2014	TIP 57399	-345,75 $	
06/11/2014	CARTE X2187 05/11	-16,30 $	
05/11/2014	CARTE X2187 RETRA	-50,00 $	
02/11/2014	CARTE X2187 01/11	-63,94 $	
30/10/2014	CARTE X2187 29/10	-56,70 $	
29/10/2014	VIR RECU P.H.		+2000 $
29/10/2014	CARTE X2187 27/10	-28,86 $	
25/10/2014	CARTE X2187 24/10	-103,08 $	

PHOTOS TROUVÉES DANS LE COFFRE-FORT D'AMY WATERSPOON

Mark Hamil (PDG de Tron Computer)

George Filtzpatrick (sénateur de Californie)

Tom Scott (chimiste à l'Institut de physiologie végétale de Sacramento)

Philip Henry (avocat pénaliste)

SMS ENREGISTRÉ SUR LE TÉLÉPHONE PORTABLE D'AMY WATERSPOON

Numéro caché : Amy,
Je te demande d'arrêter tout de suite. Si tu ne mets pas un terme à tout ça, c'est moi qui t'en empêcherai, par tous les moyens.
Reçu : 06 décembre à 21h10

ALCOOLÉMIE ET ANALYSE TOXICOLOGIQUE
EFFECTUÉES À LA DEMANDE
DU PROCUREUR DE CALIFORNIE

Espèce analysée	Concentration massique (g.L-1)	Concentrations molaires normales (mmol.L-1)
Alcool	0,4	<0,3
THC (Tétra-Hydro-Cannabinol)	0	0
Diamorphine	0	0
Cocaïne	0	0
MDMA	0	0
Héroïne	0	0
Cannabis	0	0
Conine (alcaloïde extrait de la grande ciguë)	0,7	0

SOLUTION PAGE 91

DIX ANS PLUS TARD

Les prémisses

Cela faisait déjà deux bonnes semaines que Geneviève Raffin avait la tête dans les cartons. Le déménagement approchait à grands pas et il lui semblait que plus elle emballait d'objets, plus il en restait dans la maison ! À présent que son mari était à la retraite, ils allaient enfin pouvoir faire ce à quoi ils aspiraient depuis longtemps : quitter définitivement leur maison de Caluire, sur les hauteurs de Lyon, pour s'installer en Provence. Ils n'avaient pas eu envie d'aller grossir les rangs des retraités niçois, qui avaient fait de la ville méditerranéenne la capitale du troisième âge. D'ailleurs, s'ils aimaient la mer, ils n'étaient pas des inconditionnels de la baignade ni de la plage. Pour leur retraite au soleil, ils avaient donc opté pour le Vaucluse, où ils séjournaient régulièrement, depuis leur première visite de la capitale des papes, en 1985. Ils profiteraient ainsi de la douceur du climat sans avoir à subir les désagréments de la Côte d'Azur.
En attendant de pouvoir couler des jours heureux dans la petite maison qu'ils venaient d'acquérir, il leur fallait encore vider celle qu'ils habitaient actuellement. Et ce n'était pas une mince affaire que de faire tenir toute une vie dans un camion de déménagement ! Ce que Genevière Raffin s'apprêtait à faire en ce matin de mai, elle ne l'avait pas fait depuis dix ans : elle allait devoir ranger les affaires de son fils unique, mort au volant de sa voiture en 2005 après une soirée trop arrosée. Depuis tout ce temps, la chambre était restée intacte, comme s'il s'y couchait toujours tous les soirs. La femme de ménage y pénétrait simplement une fois par semaine pour venir faire la poussière.
Geneviève Raffin prit une grande bouffée d'air avant de tourner la poignée de la porte mais c'était peine perdue : elle éclata en sanglots dès qu'elle posa un pied dans la chambre de Jérôme. Rien n'avait bougé depuis cette terrible nuit du 24 juin. Au-dessus du lit, couvert d'une housse de couette à rayures, était accroché le diplôme du bac avec mention bien qui avait fait la fierté de toute la famille. Sur le bureau, impeccablement rangé, un bloc-notes attendait qu'on vienne le sortir de sa virginité, tandis que des crayons et des stylos de toutes sortes se serraient dans un pot à l'effigie d'Homer Simpson. À ses pieds était posée la sacoche en cuir que Jérôme utilisait pour ses cours à la fac et qui ne prendrait jamais plus le chemin de l'université. Dans l'armoire, des vestes, suspendues à des cintres, alternaient avec des jeans et d'autres pantalons. La présence de Jérôme était partout palpable aux yeux d'une mère inconsolable. Elle résolut de commencer d'abord par empaqueter les livres de son fils, alignés dans la bibliothèque. Il lui semblait que leur charge émotionnelle était moins forte et qu'elle réussirait à mieux contenir ses larmes que si elle rangeait des effets plus personnels. Manuel de droit pénal, lexique des termes juridiques, code civil et code du travail Dalloz, à la couverture rouge bien connue des étudiants de droit : tous ces ouvrages

qui promettaient à Jérôme une belle carrière de juriste furent disposés dans des cartons, suivis des romans d'heroic fantasy qu'il affectionnait tant. Alors que *Le Dernier Héros*, de Terry Pratchett, s'apprêtait à rejoindre les autres volumes des *Annales du Disque-monde* dans un carton, une feuille de papier pliée en deux s'en échappa et glissa sur le sol. Geneviève Raffin la ramassa et la parcourut des yeux. Elle appela immédiatement son mari. Jacques, qui crut d'abord que sa femme ne parvenait pas à surmonter le chagrin que faisait resurgir en elle le rangement de la chambre de Jérôme, prit toute la mesure de la gravité de la situation lorsqu'il lut le message à son tour. Toutes affaires cessantes, le couple monta en voiture pour gagner le commissariat.

Le capitaine Becquet reçut le couple dans son bureau. Jacques Raffin lui relata toute l'histoire : l'accident mortel de leur fils, dix ans auparavant, les années de douleur, l'impossible deuil et aujourd'hui, la découverte fortuite de cette lettre de menace, car c'était bien de cela qu'il s'agissait. Le policier les écouta attentivement puis les mit en garde :

— Êtes-vous vraiment certains de vouloir remuer le passé ? Cela risque d'aviver encore davantage votre douleur.

— Écoutez capitaine, nous sommes en droit de connaître la vérité. Si la mort de notre fils n'était pas un accident et si quelqu'un est responsable de tout ça, il doit payer. C'est aussi simple que ça.

— Je comprends. Dans ce cas, je vais vous expliquer ce qui va se passer. Cette lettre doit être montrée à un juge, qui seul pourra décider de l'ouverture d'une enquête. S'il a des doutes sur l'authenticité de ce document, il ne fera rien. Il faut que vous soyez préparés à cette éventualité.

— Oui, fit Jacques Raffin, nous en sommes conscients.

— Vous devez aussi savoir que cela risque de prendre du temps.

— Nous attendrons le temps qu'il faudra capitaine. Nous savons bien que cela ne ramènera pas notre fils mais nous avons vraiment besoin de savoir ce qui lui est arrivé.

Environ huit semaines plus tard, M. et Mme Raffin, qui avaient reporté leur installation en Provence, reçurent une lettre du tribunal, les informant que le juge avait statué : une enquête allait être ouverte.

POUR EN SAVOIR PLUS

Selon les derniers chiffres de l'Insee, l'alcool est la première cause de mortalité sur les routes. Il est à l'origine d'un accident mortel sur trois, provoqué dans 92 % des cas par un homme. Ces accidents ont la plupart du temps lieu la nuit, sur des routes départementales. Ils sont la cause de 26 % des décès des 18-24 ans, contre 9 % pour la population française globale.

L'ENQUÊTE

Au vu du contenu de la lettre, il apparaissait très probable que le motif du meurtre, si meurtre il y avait, était d'ordre sentimental. Les parents de Jérôme Raffin s'étaient déclarés incapables de donner le nom d'une seule des jeunes filles que leur fils avait fréquentées mais ils aiguillèrent la police vers son meilleur ami de fac, David Guérin. Lui pourrait sans doute leur en dire plus sur la vie sentimentale de Jérôme à l'époque. Par chance, il habitait toujours à Lyon. Très intrigué par le coup de fil de la police, il avait accepté de recevoir le capitaine Becquet dans son atelier. Lorsqu'il ouvrit la porte, le policier découvrit un homme grand, échevelé, aux vêtements constellés de taches de peinture. L'artiste dans toute sa splendeur. Il essuya sa main droite pleine de gouache dans un chiffon douteux puis la tendit pour saluer le capitaine. Il ôta à la va-vite quelques toiles posées sur un canapé et invita le policier à s'asseoir, ce que ce dernier fit non sans regarder sur quoi il posait les fesses. Il expliqua évasivement la raison de sa présence au peintre.

– *Donc vous voulez savoir avec qui Jérôme sortait il y a dix ans, c'est bien ça ?*

– *En effet.*

– *C'est que… il s'en est écoulé, des tubes de gouache depuis 2005 !*

– *J'en suis conscient. Dites-moi quand même si vous vous souvenez de quelque chose. Les parents de Jérôme attendent beaucoup de cette enquête vous savez.*

L'argument fit mouche. L'homme se lança :

– *Nous étions tout un groupe de copains, en première année de fac de droit à Lyon III. Enfin, pour ma part, c'était ma deuxième première année, si vous voyez ce que je veux dire.*

– *Vous aviez loupé votre année ?*

– *C'est ça. Comme vous le voyez,* fit-il en montrant ses toiles d'un regard, *j'ai d'ailleurs choisi une autre voie en définitive ! Je crois que je n'étais définitivement pas fait pour le droit. Jérôme était plutôt charmeur et il avait pas mal de succès auprès des demoiselles. Je me souviens que si on ne compte pas celles d'un soir rencontrées dans les soirées étudiantes, il est sorti avec trois filles cette année-là. Par contre, je ne me rappelle plus dans quel ordre !*

– *Si vous parvenez à me donner leur nom, ça nous aidera déjà beaucoup.*

– *Bon, la première, c'est facile, c'était ma petite sœur Marion. Elle était encore au lycée, en première. Elle avait connu mes copains de la fac de droit lors d'une fête que j'avais organisée pour mes 20 ans. C'est là qu'elle avait rencontré Jérôme. Ensuite, ils s'étaient revus à mon insu. Autant vous dire que quand je l'ai su, je n'ai pas trop apprécié. Je trouvais Marion trop jeune pour Jérôme, elle était encore mineure. Et puis lui avait une réputation de coureur. Je ne sais pas exactement combien de temps leur histoire a duré. Je faisais un peu l'autruche et je préférais ne pas trop m'occuper de leurs affaires.*

– *Qui étaient les deux autres filles ?*

– *Il y a eu aussi la fille de notre prof de droit pénal, M. Fournier. Elle faisait aussi partie du groupe. Une belle blonde, type suédoise, Jérôme avait encore frappé fort ! Je lui ai demandé je ne sais pas combien de fois de me présenter sa jumelle, qui était en fac de philo, mais elle n'a jamais voulu… Jérôme est resté une bonne partie de l'année avec elle, si je me rappelle bien. Il a même été invité à passer les vacances d'hiver dans le chalet familial des Fournier. Personnellement, ça m'aurait fait un peu bizarre de skier avec mon prof de fac mais ce n'était pas le genre de chose qui gênait Jérôme. Il était à l'aise avec tout le monde et dans toutes les situations. Avec son charme et son bagout, je pense qu'il aurait vraiment fait un bon avocat. Je ne sais pas trop pourquoi ils ont rompu mais je crois que c'est elle qui l'a largué. Après ça, Jérôme s'est pris de grosses tôles en droit pénal. On voyait bien que le prof avait une dent contre lui. Il a bien failli lui faire rater son année avec ses conneries. Mais Jérôme a quand même réussi ses exams au final. Il a eu son accident une semaine après l'annonce des résultats.*

– *Parlez-moi de la dernière fille.*

– *Elle s'appelait Lizet Halva. Une Péruvienne, arrivée en France juste avant la rentrée de septembre. Elle était très sympa, elle s'est intégrée hyper facilement au groupe. On ne pouvait pas en dire autant pour ce qui était des cours. Elle ne parlait pas très bien notre langue et galérait pour prendre des notes. C'est en lui proposant de lui donner des cours particuliers de français que Jérôme l'a draguée. Je ne suis pas sûr qu'elle ait beaucoup progressé en langue. Ou plutôt si, mais la langue de Jérôme seulement ! En tout cas, à cause de ses lacunes, elle a bien failli redoubler son année.*

Le capitaine Becquet remercia David Guérin pour toutes ces précieuses informations. De retour au commissariat, il s'occupa de lancer les démarches habituelles pour retrouver les trois femmes en question. Il apprit qu'après son année de droit, qu'elle avait pourtant réussie, Lizet Halva était retournée dans son pays d'origine. Cinq ans plus tard, elle y avait rencontré un étudiant français en histoire des civilisations précolombiennes, venu au Pérou pour sa thèse. Lorsqu'il était rentré en France, elle l'avait suivi. Par une heureuse coïncidence, elle vivait à Villeurbanne, tout près de Lyon. Le capitaine Becquet rentra l'adresse dans son GPS et s'y rendit sans tarder. Il avait très envie de rentrer tôt ce soir. Il avait promis à Tatiana, sa « perle bulgare », comme il l'appelait, de l'emmener dîner en ville dans un bon restaurant.

Lorsqu'il sonna à la porte, une fillette d'une dizaine d'années vint lui ouvrir.

– *Qui c'est ?*

– *Police mademoiselle,* répondit Becquet en dégainant sa carte de police. *Je souhaiterais m'entretenir avec Mme Lizet Halva.*

– *Maman !* beugla la fillette en direction de l'escalier, avant d'inviter le visiteur à entrer.

Une femme de type latino-américain, aux longs cheveux soyeux aussi bruns que ceux de Tatiana étaient blonds, se présenta dans l'encadrement de la porte de la cuisine. Elle fut très étonnée lorsque le capitaine lui exposa le motif de sa visite.

– *Oui, j'étais encore en France au moment où l'accident s'est produit. Ça m'a bouleversée. Nous étions très proches avec Jérôme.*

– *Vraiment très proches en effet, si j'en crois ce que m'a dit David Guérin.*

– *Cela faisait longtemps que je n'avais pas entendu ce nom. C'est vrai que nous avons eu une aventure avec Jérôme mais c'est si loin tout ça maintenant.*

– *À quelle époque êtes-vous sortie avec Jérôme Raffin ?*

– *C'était pendant ma première – je devrais dire ma seule – année à la fac de droit. C'était plutôt vers la fin de l'année scolaire. Nous avons dû commencer à nous fréquenter en mars je crois.*

– *Était-ce avant ou après son aventure avec Mlle Fournier ?*

– *Eh bien,* fit Lizet Halva, un peu gênée, *à vrai dire, quand nous avons commencé à nous voir, il était encore avec elle. Il pensait la quitter mais elle a pris les devants. J'ignore si elle savait pour nous deux.*

– *Excusez-moi de vous demander ça mais où étiez-vous le soir où Jérôme Raffin a eu son accident ?*

– *J'étais chez moi. J'ai appris son décès seulement le lendemain, par David justement, qui m'a appelée. Je vais vous montrer quelque chose.*

Lizet Halva se leva et prit un album posé sur une étagère.

– *Regardez.*

Elle lui montra une coupure de journal, avec une photo en gros plan de l'accident.

– *Oh les cons !* jura le capitaine Becquet. *Comment ont-ils pu passer à côté ?*
– *À côté de quoi ?*
– *De rien, de rien. Je peux garder cette coupure de journal ?*
– *Euh, oui…*
– *Je vous remercie. Je dois vous laisser. Je vous recontacterai.*

Il n'était encore que 14 heures, le capitaine Becquet se dit que même s'il voulait rentrer tôt, il avait largement le temps de se rendre chez Héloïse Fournier, qui habitait à Sainte-Foy-lès-Lyon, au sud de l'ancienne capitale des Gaules. On était samedi, il avait des chances de la trouver chez elle.

Héloïse Fournier vint effectivement ouvrir la porte. Elle répondit aux questions du policier sans chercher à s'y soustraire, donnant une version des faits en tout point similaire à celles de David Guérin et de Lizet Halva. Lorsque le capitaine lui demanda où elle se trouvait le soir de l'accident, elle répondit qu'elle était à l'hôpital, où elle s'était fait opérer de l'appendicite. Elle était en mesure de le prouver et lui dit qu'elle lui enverrait cette preuve au commissariat.

En sortant de chez elle, le capitaine Becquet n'était pas beaucoup plus avancé qu'en y entrant. Il était 16 heures. Cela lui laissait largement le temps de passer chez le coiffeur, de rentrer chez lui prendre une douche, d'acheter un beau bouquet de roses rouges pour Tatiana et de la rejoindre chez elle à 19 heures. Il s'en réjouissait d'avance. De toute façon, il en avait fini des interrogatoires pour aujourd'hui. Il avait déjà laissé cinq messages sans réponse sur le portable de la sœur de David Guérin. Il réessaierait le lendemain.

Le dîner avec Tatiana se déroula à merveille. Elle lui demanda de lui parler de l'affaire sur laquelle il travaillait en ce moment. Il n'y était pas autorisé mais se plia de bonne grâce à la volonté de sa compagne. Pour une fois qu'il avait rencontré quelqu'un qui s'intéressait à son travail ! Il lui raconta dans les moindres détails les différents entretiens qu'il avait eus avec l'entourage de Jérôme Raffin, dont il prit quand même soin de taire le nom. Il lui montra ensuite une photo de la lettre de menace, qu'il avait prise avec son portable, puis lui exposa le contenu des résultats d'analyse, de la coupure de journal, bref, de toutes les pièces dont il disposait. À son grand étonnement, quand il eut fini, sa belle Bulgare lui dit, avec son bel accent qui roulait les « r » :
– *Je crois bien que j'ai trouvé qui est coupable.*
– *Je crois que je suis en train de tomber amoureux…*

Aurez-vous la perspicacité de Tatiana pour découvrir qui est le coupable, quelles étaient ses motivations et comment il s'y est pris pour éliminer Jérôme Raffin ?

ANNEXES

PHOTO FOURNIE PAR MLLE HÉLOÏSE FOURNIER

LETTRE RETROUVÉE PAR LES PARENTS DE JÉRÔME RAFFIN

Cher Jérôme,
Après tout ce bonheur partagé, ces nuits à faire l'amour
pendant des heures, avant de s'endormir pour mieux
recommencer, ces étreintes pendant lesquelles tu me disais
que tu m'aimais, comment as-tu pu me faire une chose pareille ?
Je pensais que je comptais pour toi autant que tu comptais
pour moi mais apparemment, je me suis lourdement trompée.
Je ne comprends pas comment cela a pu se produire.
Je ne te comprends plus. Et pourtant je continue de t'aimer
comme une dingue.
Mais je sais que même si tu me présentais tes excuses,
même si tu te traînais à mes pieds pour me supplier
de te pardonner, rien ne pourrait plus être comme avant.
Il n'y a pas de retour en arrière possible.
Ce que tu as fait m'a vraiment trop fait souffrir,
alors sache qu'à présent, c'est à ton tour.
Je te réserve une surprise pour le 24. Je ne t'en dis pas plus,
tu la découvriras bien assez tôt.
Adieu mon amour
Celle qui t'aimera toujours.

LCOOLÉMIE ET ANA-
'SE TOXICOLO-
QUE EFFEC-
JÉES À LA DEMANDE DU
ARQUET DE LYON

Espèce analysée (mmol.L-1)	Concentration massique (g.L-1)	Concentrations molaires normales
Alcool	1	<0,3
THC (Tétra-Hydro-Cannabinol)	0	0
Diamorphine	0	0
Cocaïne	0	0
MDMA	0	0
Héroïne	0	0
Cannabis	0	0

COUPURE DE JOURNAL (LE PROGRÈS, 25/06/2005)
FOURNIE PAR LIZET HALVA

www.leprogres.com

VOTRE JOURNAL RÉGIONAL

LE PROGRÈS

25 JUIN 2005 • ÉDITION DU SOIR : TOUTES LES DERNIÈRES INFORMATIONS • 3.20€

RHÔNE : Sortie de route mortelle pour un étudiant à Couzon-au-Mont-d'Or

Vendredi 24 juin, Jérôme Raffin, un étudiant en droit de 19 ans, a trouvé la mort dans un accident de la route. Le drame est survenu aux alentours de 2 heures 15 sur la route de Poleymieux, que le jeune homme avait prise pour rentrer de discothèque. Le véhicule a percuté un arbre à l'issue d'un virage. Selon la police, l'alcoolémie pourrait être à l'origine de la sortie de route.

Page 3: La réunion des maires de l'agglomération du grand Rhône fait grand bruit...

Page 8: Football, victoire finale du club de Lys

SOLUTION PAGE 92

TOUT FEU TOUT FLAMME

Les prémisses

Déjà un mois que le jeune Ikshu Patel était coincé chez lui à cause d'un stupide accident de rickshaw[1]. Le chauffeur avait cru pouvoir se faufiler entre deux camionnettes, sauf que l'une des deux s'était déportée, provoquant le renversement du véhicule. Plus de peur que de mal pour le collégien mais une jambe cassée et plusieurs côtes fêlées quand même. Les journées s'écoulaient bien lentement dans l'appartement et Ikshu s'ennuyait souvent, pendant que ses frère et sœurs étaient à l'école. Il avait pris l'habitude d'emprunter la paire de jumelles de son père et de regarder ce qui se passait dans la rue. Sa famille habitait non loin de Connaught Place, à New Delhi. Certes, l'agitation n'y était pas aussi frénétique que dans les quartiers de Old Delhi, où il suffisait de s'asseoir sur le pas de sa porte pour être au spectacle, de jour comme de nuit, mais la rue était suffisamment animée pour occuper le collégien. Il y observait le ballet des rickshaws noirs et jaunes, qui se frayaient un passage parmi les grosses voitures climatisées, dans un concert ininterrompu de klaxons. Il regardait les échoppes colorées et les vendeurs de rue, qui proposaient à toute heure des puri[2], qu'ils faisaient frire dans de grandes poêles. De l'étage où il se trouvait, Ikshu ne pouvait sentir les relents d'huile rance mais il était bien placé pour admirer les galettes, qui gonflaient comme des ballons avant d'être retirées de la poêle et disposées en piles régulières par le cuisinier. Accompagnées d'un dal[3] ou d'un curry à base de pommes de terre, elles feraient le délice des travailleurs pressés.

Le spectacle préféré d'Ikshu n'avait pourtant pas pour théâtre la rue mais la fenêtre de l'appartement de l'autre côté de la rue. Chaque jour, à 16 heures précises, il y admirait une jeune fille qui prenait des leçons de sitar à domicile. Elle s'asseyait en tailleur sur un tapis, face à son professeur, assis par terre lui aussi. Parfois, il y avait également un autre homme – peut-être un frère de la jeune fille – qui prenait place dans un coin de la pièce et assistait à la leçon. La jeune élève accordait son luth de ses doigts gracieux puis le calait sous son coude droit. Ensuite, ses doigts couraient sur les cordes et Ikshu imaginait les mélodieuses musiques hindoustanies que devait produire ce va-et-vient le long du manche. Le cours durait trois quarts d'heure, au bout desquels le professeur prenait congé. Il était rapidement remplacé par un autre homme, qui arrivait vers 17 heures. Ikshu pensait qu'il enseignait les mathématiques à la jeune fille, car il les avait vus à plusieurs reprises manipuler un compas et une règle, tandis qu'ils semblaient penchés sur des manuels ou des cahiers.

À 15 h 55, comme tous les jours, Ikshu s'installa donc en face de la fenêtre, pour prendre part au cours de musique par procuration. Le professeur arriva en retard, ce qui n'était pas dans ses habitudes. Il se répandit en courbettes, les mains jointes, sans doute pour présenter ses excuses à son élève. Cela faisait déjà une demi-heure que le cours avait commencé lorsque la mère d'Ikshu vint l'interrompre dans sa contemplation. Elle voulait impérativement lui faire sa toilette maintenant, car ce soir, son oncle et sa tante arrivaient de Goa et elle avait encore beaucoup à faire avant de les accueillir. Le collégien se plia à la volonté de sa mère et la suivit tant bien que mal dans la salle de bains. Lorsqu'il fut enfin libéré du gant de toilette maternel, il retourna à son poste d'observation. Il eut la surprise de voir la jeune fille qui embrassait un homme sur la bouche. Il pestait intérieurement contre sa mère, qui lui avait fait rater un spectacle encore plus intéressant que le cours de sitar ! À peine se fut-il installé dans son fauteuil pour assister à la suite qu'il vit les rideaux de l'appartement d'en face s'embraser d'un seul coup. Ikshu Patel appela immédiatement sa mère, qui poussa des hurlements affolés en voyant les flammes lécher l'encadrement extérieur de la fenêtre. Elle ne parvenait pas à détacher son regard de la scène, alors ce fut le collégien qui alla chercher le téléphone pour prévenir les pompiers. Au bout de minutes qui semblèrent interminables à la mère et à son fils, la silhouette imposante d'un camion rouge Tata se dessina au bout de la rue. Trois pompiers déroulèrent la lance à incendie et commencèrent à orienter le puissant jet d'eau en direction de la fenêtre. Pendant ce temps, un quatrième homme pénétrait dans l'immeuble. Ce n'est que bien plus tard, alors que l'incendie avait été maîtrisé, que Mme Patel et son fils virent les hommes en uniforme sortir deux brancards de l'immeuble. Sur chacun d'eux, on devinait un corps, entièrement recouvert d'une bâche noire.

---

1 Véhicule tricycle, motorisé ou non, utilisé pour le transport des personnes et des marchandises en Asie.
2 Galette frite, consommée comme en-cas en Inde.
3 Plat typique à base de lentilles.

L'ENQUÊTE

Le lendemain, Mme Patel eut la surprise de trouver à sa porte le chef de la police et le capitaine des pompiers. Ils souhaitaient parler à son fils, pour savoir ce qu'il avait vu. Elle leur prépara un thé aux épices, qu'elle leur servit brûlant avec une pointe de lait. Ils expliquèrent à Ikshu qu'ils étaient là pour tenter de comprendre ce qui s'était passé.

– *Deux personnes sont mortes dans cet incendie, dont la jeune fille qui habitait là avec ses parents. Ils ont besoin de savoir comment ce drame a pu arriver. Tu comprends ?*

– *Oui, très bien,* fit Ikshu, un peu impressionné par les deux représentants de l'ordre.

– *Alors qu'as-tu vu exactement ?*

– *Tout d'abord, j'ai vu la jeune fille d'en face qui prenait son cours de sitar, comme d'habitude.*

– *Avec qui était-elle ?*

– *Avec son professeur. Enfin j'imagine. Je n'ai pas vu son visage mais il était assis au sol avec un instrument.*

– *À quelle heure était-il arrivé ?*

– *Vers 16 h 15.*

– *Et ensuite ?*

– *J'ai loupé la suite, parce qu'il a fallu que j'aille me laver. Heureusement, j'ai quand même vu*

POUR EN SAVOIR PLUS

Selon les chiffres avancés par le texte de la loi Morange, obligeant chaque foyer français à installer au moins un détecteur avertisseur autonome de fumée (DAAF) avant mars 2015, « plus de 800 décès sont causés chaque année en France par des incendies d'habitation. Un incendie domestique se déclare toutes les 2 minutes en France. Leur nombre connaît une augmentation constante depuis 20 ans. Pour 51 000 feux d'habitation comptabilisés en 1981, plus de 98 000 ont été dénombrés en 2003. Ces sinistres font l'objet de 250 000 déclarations en moyenne par an. En outre, l'intoxication par inhalation de fumée est à l'origine de 80 % des décès. Enfin, le feu représente la première cause de mortalité chez les enfants de moins de 5 ans. »

le clou du spectacle !

– Le clou du spectacle ?

– Oui, quand la fille et l'homme se sont embrassés !

– Quelle heure était-il à ce moment-là ?

– Je ne sais pas trop. Je n'ai pas regardé ma montre.

– Que s'est-il passé après ?

– L'appartement a pris feu, d'un coup.

– Nous avons reçu ton appel à 17 h 11. As-tu téléphoné tout de suite ?

– Pratiquement. Quand j'ai vu le feu, j'ai prévenu ma mère puis je vous ai appelés. Tout est allé très vite.

– Merci mon garçon. Prends soin de ta mère.

Amir Dehlavi, le chef de la police, et Vilayat Khan, le capitaine des pompiers, n'avaient pas tout dit au collégien. La fulgurance de l'incendie les conduisait à penser qu'il avait peut-être une origine criminelle. Pour infirmer ou confirmer cette hypothèse, ils devraient attendre le rapport du technicien spécialisé dans les départs de feu, qui avait été appelé sur les lieux. Il intervenait régulièrement dans les quartiers de la ville les plus anciens, où le bois avait encore une place prédominante dans les habitations. Les installations électriques, aussi anarchiques que dangereuses, étaient bien souvent la cause des incendies, qui pouvaient vite faire d'importants ravages, en raison de la forte densité d'habitants de ces zones populaires. À New Delhi, les risques étaient moins importants et de fait, le nombre de ses interventions l'était aussi.

Sachant que les résultats du rapport d'incendie ne seraient pas connus avant plusieurs jours au mieux, plusieurs semaines dans le pire des cas, Amir Dehlavi préféra commencer à mener son enquête sans les attendre. Il était convaincu quant à lui qu'il avait affaire à des meurtres. Sa tâche consistait donc à présent à identifier l'auteur du crime. Il rendit visite aux Kapoor, qui avaient trouvé asile chez le frère aîné du père de famille. Ce dernier habitait dans un petit immeuble sans charme, à proximité de Jama Masjid. Depuis le toit-terrasse, il voyait les trois dômes, ainsi que les deux immenses minarets recouverts de grès rouge, qui s'élançaient vers le ciel, de chaque côté de la grande mosquée. Cet hindou très pratiquant n'avait que faire des appels à la prière lancés cinq fois par jour en arabe par le muezzin, assisté de haut-parleurs. En revanche, il appréciait la vue sur l'édifice religieux. C'était plus agréable à regarder que les enchevêtrements de câbles électriques ou les façades décrépies d'immeubles disparates qui foisonnaient dans le quartier.

La mère de la victime était anéantie par la perte de sa fille.

– *Vous êtes sûr que le corps que vous avez trouvé est bien celui d'Anjali ?*, demanda-t-elle au policier, dans un espoir vain de changer le sens de cette tragédie.

– *Les empreintes dentaires devront le confirmer, madame Kapoor, mais tout porte à croire qu'il s'agit bien de votre fille. Elle a été aperçue par la fenêtre, depuis l'immeuble d'en face, juste avant que le feu ne se déclare. Et puis nous avons trouvé ces boucles en or, pendues à ses oreilles. Elles appartenaient bien à votre fille n'est-ce pas ?*

– *Oui*, fit la mère en serrant les bijoux dans son poing tremblant.

– *Je sais que c'est douloureux mais je vais devoir vous poser quelques questions.*

– *Nous comprenons, vous devez faire votre travail*, fit le père d'Anjali Kapoor. *Demandez-nous ce que vous voudrez.*

– *Savez-vous qui était avec votre fille lorsque l'incendie s'est déclaré ?*

– *Oui, bien sûr. C'était son professeur de sitar, Nishok Vikal.*

– *Parlez-moi de lui.*

– *C'était un excellent professeur, formé par l'illustre Ravi Shankar[1] lui-même. Mon frère, qui travaille à l'hôpital avec moi – je suis anesthésiste – me l'avait recommandé. C'était un brahmane comme nous. Il enseignait le khyal[2] à Anjali depuis deux ans. Nous sommes une famille de mélomanes. Ma femme joue du tampura, mon fils du tabla, quant à moi, je joue de la rudra vinâ. Il était essentiel pour nous que notre fille ait une éducation musicale.*

– *Vous avez raison. Il est important qu'une jeune fille ait de l'instruction pour trouver un mari et combler sa belle-famille.*

– *Nous lui avions trouvé un beau parti. Un fils d'avocat. Tout était réglé pour le mariage, nous nous étions mis d'accord sur la dot. Quand je pense aux efforts qu'il avait fallu déployer pour convaincre Anjali…*

– *Elle vous tenait tête ?*

– *Pas à moi, elle n'aurait jamais osé. Mais je sais qu'elle avait fait part de ses réticences à sa mère. Elle disait qu'elle avait envie de choisir elle-même son époux ! Vous vous rendez compte ?*

– *Avait-elle rencontré le futur marié ?*

– *Oui, nous avions reçu sa famille le mois dernier. Ma femme avait été en ville exprès pour l'occasion avec Anjali, pour lui choisir un beau sari. Elle avait organisé une belle réception avec des pakoras[3] , des samoussas et du poulet tandoori avec du raïta[4] . Le tout servi avec du riz, un curry de pois chiches, du chutney de mangue et des crudités. Elle avait mis les petits plats dans les grands. Tout ça pour rien…*

– *Le fiancé est-il revenu chez vous après cette réception ?*

– *Oui, il est revenu une fois, seul. Il avait demandé à parler en tête à tête avec Anjali. Ce genre de chose, comme vous le savez, n'est pas conforme à la tradition. Pourtant, nous avons accepté, en nous disant qu'Anjali aussi aimerait sans doute mieux connaître son futur époux avant les noces. Et puis, nous étions juste de l'autre côté du mur, dans le salon, nous nous sommes dit que cela ne craignait rien.*

– *Avez-vous prévenu la famille de ce garçon de la mort de votre fille ?*

– *Pas encore. Je ne voulais pas les déranger. Je sais que ces jours-ci, M. et M*me* Choudhary devaient se rendre chez des cousins, dans le*

---

1 Sitariste et compositeur indien renommé.

2 Style de musique classique indienne pratiquée dans le nord du pays.

3 Beignets de légumes.

4 Accompagnement à base de yaourt.

Penjab.

– *Je crois savoir que votre fille prenait également un autre cours particulier…*

– *Oui, elle avait des lacunes en mathématiques, alors elle m'avait demandé si j'accepterais qu'un garçon de sa classe vienne l'aider une fois par semaine. J'avais rencontré ce garçon, Jamal Malik. Il m'avait montré ses notes et avait d'excellentes appréciations, alors j'ai accepté.*

– *Il devait venir aujourd'hui c'est bien ça ?*

– *Oui, effectivement, d'habitude, il vient le mardi à 17 heures. Mais il m'avait prévenu ce matin qu'il ne pourrait pas assurer le cours de mathématiques aujourd'hui. Il a dit qu'il avait un empêchement d'ordre familial. En réalité, cela nous arrangeait bien qu'il ne puisse pas venir, nous avions des courses à faire. S'il avait été prévu qu'il vienne, croyez bien qu'Anjali ne se serait jamais retrouvée seule avec lui à la maison. Nous tenons à notre réputation. Chaque fois qu'il donnait ses cours, nous étions présents, comme il se doit. Bien que la leçon ait été annulée, Anjali n'a pas voulu nous accompagner ; elle disait qu'elle avait des devoirs à terminer. Quand je pense que si elle avait accepté de venir, elle serait encore parmi nous en ce moment…*

Alors que le capitaine s'apprêtait à prendre congé, il fut rattrapé par Mme Kapoor, qui l'attira à l'écart :

– *Vous savez,* révéla-t-elle sur le ton de la confidence, *je ne vous en ai pas parlé tout à l'heure car mon mari n'est pas au courant, et je ne voulais pas le mettre en rogne.*

– *Je vous écoute, madame Kapoor.*

– *Si Anjali n'était pas emballée à l'idée de ce mariage arrangé, c'est parce qu'elle était tombée amoureuse d'un homme. Elle s'en était confiée à moi mais n'avait jamais voulu me révéler de qui il s'agissait.*

– *Le fiancé le savait-il ?*

– *Je l'ignore. Mais Anjali était une fille droite. Elle savait où était son devoir. Elle n'aurait jamais rien fait qui puisse déshonorer notre nom. Pensez-vous que cette information puisse vous être utile pour comprendre comment le feu s'est déclaré ?* demanda Mme Kapoor, sans en être convaincue elle-même.

– *Pour le moment, je ne suis pas en mesure de vous le dire. Mais je vous remercie. Plus nous récolterons de renseignements, meilleures seront nos chances d'y voir clair dans cette histoire.*

Arriverez-vous à comprendre ce qui s'est passé le jour de la mort d'Anjali ? Qui a mis le feu et pourquoi ?

ANNEXES

EMPREINTES DENTAIRES DE NISHOK VIKAL

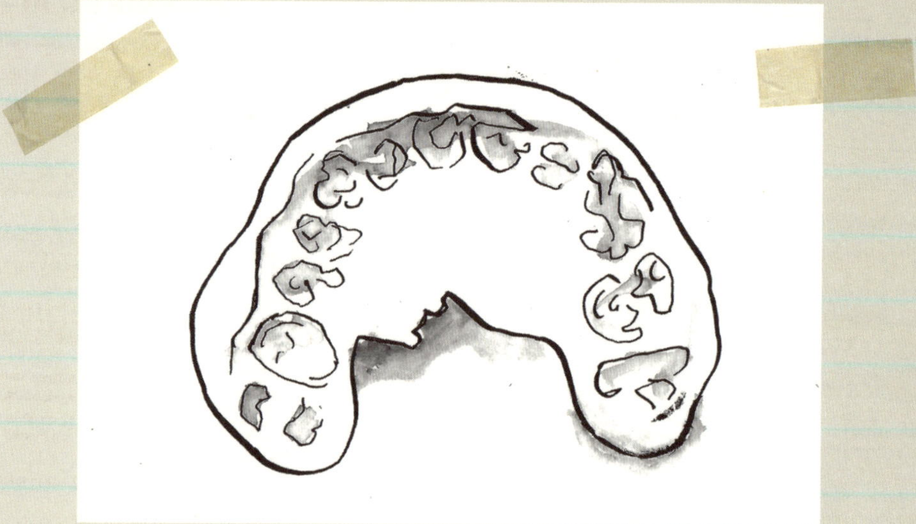

EMPREINTES DENTAIRES DE L'HOMME RETROUVÉ DANS L'APPARTEMENT DE LA FAMILLE KAPOOR

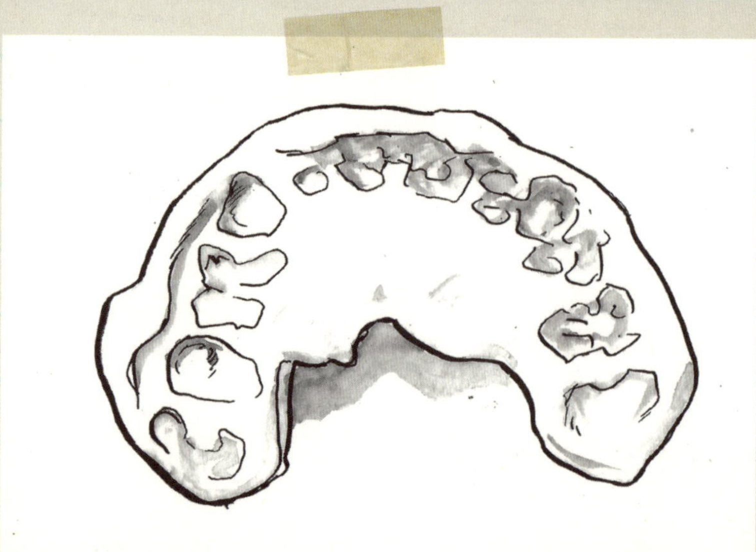

RAPPORT DE KARAN LALIT RELATIF AUX CAUSES DE L'INCENDIE DE L'APPARTEMENT DES KAPOOR

RAPPORT D'INCENDIE

Sécurité publique — **Delhi**

Date de l'incendie	Heure de l'incendie	Assurance-responsabilité	N/Réf. (Réservé au Ministère)
Année : 2015 · Mois : 04 · Jour : 17	Heures : 17 · Minutes : 11	Oui [X] Non [ ]	

Lieu de l'incendie ? (adresse)

Numéro, rue, route, appartement : 2-50 E, Shantipath, Chanakayapuri

Code postal : 110 02

Code géo. (Réservé au Ministère)

Municipalité : New Dehli

Un service d'incendie est-il intervenu pour combattre l'incendie ? Oui [X] Non [ ] Indéterminé [ ]

Nombre de décès causés par l'incendie ? 2 (deux)

Usage principal du bâtiment ou l'incendie s'est déclaré

Cochez la case correspondante au type de bâtiment (si applicable)

Commercial
- [ ] Centre commercial
- [ ] Hébergement, restauration
- [ ] Immeuble commercial*
- [ ] Autres commerces

Industriel
- [ ] Aliments et boissons
- [ ] Bois
- [ ] Papier et produits en papier
- [ ] Produits caoutchouc/plastique
- [ ] Textile
- [ ] Autres industries

Résidentiel
- [ ] Chalet
- [X] Maison, immeuble d'appartements
- [ ] Maison mobile, roulotte
- [ ] Maison pour personnes âgées
- [ ] Textile
- [ ] Autres bâtiments résidentiels

Services et loisirs
- [ ] École, université
- [ ] Immeuble à bureaux
- [ ] Service de santé
- [ ] Autres services
- [ ] Activité culturelle, récréative et loisirs

Autres usages
- [ ] Agriculture
- [ ] Sans objet (aucun bâtiment)
- [ ] Autre, spécifiez : ....

Circonstances de l'incendie

Cochez la case correspondante aux circonstances de l'incendie pour chacune des 5 rubriques ci-dessous

Lieu d'origine*
- [ ] Chambre à coucher
- [X] Salon, salle de séjour
- [ ] Cuisine
- [ ] Remisage
- [ ] Garage intérieur
- [ ] Cheminée
- [ ] Aire extérieure
- [ ] Indéterminé
- [ ] Autre, spécifiez : ....

Source de chaleur*
- [ ] Équipement de cuisson*
- [ ] Appareil de chauffage*
- [ ] Équip./appareil électrique*
- [ ] Réseau électrique
- [X] Flamme nue
- [ ] Article de fumeur
- [ ] Véhicule
- [ ] Indéterminé
- [ ] Autre, spécifiez : ....

Combustible et énergie*
- [ ] Combustible solide (bois)
- [X] Combustible liquide
- [ ] Gaz naturel
- [ ] Propane
- [ ] Autre combustible gazeux
- [ ] Électricité
- [ ] Indéterminé
- [ ] Autre, spécifiez : ....

Premier matériau en feu*
- [ ] Mur, plancher, plafond, etc.
- [ ] Ameublement et literie
- [ ] Vêtement et textile
- [ ] Produit en bois et en papier
- [X] Liquide inflammable
- [ ] Suie, créosote, etc.
- [ ] Indéterminé
- [ ] Autre, spécifiez : ....

Cause probable
- [X] Criminelle, sous enquête
- [ ] Négligence
- [ ] Défaillance électrique et mécanique
- [ ] Défaut de conception, de construction et d'installation
- [ ] Accident automobile
- [ ] Indéterminé
- [ ] Autre, spécifiez : ....

Décrivez brièvement les circonstances de l'incendie

L'incendie s'est déclaré dans une pièce fermée. La vitesse de propagation et la direction des flammes indiquent la présence d'une grande quantité de liquide inflammable sur le sol (éther).

SMS ENREGISTRÉ SUR LE PORTABLE DE MADHUR KAPOOR, LE PÈRE D'ANJALI, LE MATIN DE L'INCENDIE

Jamal Malik : Monsieur Kapoor,
Je suis au regret de vous annoncer que je ne pourrai pas honorer le cours de mathématiques prévu avec Anjali aujourd'hui.
Je vous prie de m'en excuser et vous dis à la semaine prochaine.
Salutations
Jamal
Reçu : 17 avril 2015 à 08h12

PENDENTIF RETROUVÉ À PROXIMITÉ DES CORPS DANS L'APPARTEMENT DE LA FAMILLE KAPOOR

SOLUTION PAGE 93

SOLUTIONS
AFFAIRES CLASSÉES

UN HOMME À FEMMES

AFFAIRE CLASSÉE

Grâce aux derniers éléments qu'il venait de recevoir, le capitaine Robin put enfin reconstituer le puzzle dans son ensemble. Dès le début de l'enquête, il avait eu l'intuition que ce crime devait être l'œuvre d'une femme. Il avait donc rayé purement et simplement tous les hommes de la soirée de sa liste de suspects. Il serait toujours temps de faire machine arrière s'il s'avérait qu'il s'était trompé. Pour le policier, il était clair également que le message écrit sur la glace impliquait une relation assez forte, voire intime, entre Thibaud Juillard et son agresseur. Il s'intéressa donc tout particulièrement aux femmes que Marcus Mauriac avaient désignées comme d'anciennes conquêtes de la victime. Plusieurs avaient été innocentées par des témoignages ou des preuves concrètes, démontrant clairement qu'elles avaient déjà quitté la soirée au moment du meurtre. Si on ne connaissait pas l'heure exacte à laquelle il avait été commis, on savait que c'était après 2 h 55, heure à laquelle le trentenaire avait réglé le traiteur par carte bancaire. Les techniciens qui avaient travaillé sur la bande vidéo avaient réussi à faire des merveilles. En améliorant la résolution des images, ils avaient permis d'innocenter Patty Bel, Patricia Lenôtre, Livia Previn et Sofia Hernandez, quatre anciennes conquêtes de Thibaud Juillard, rentrées chez elles avant ce fameux règlement par carte bleue.

Le capitaine demeurait donc avec quatre suspectes sur les bras : Pauline Ducreux, qui portait l'enfant de la victime, ainsi que Fanny Brissac, Natacha Garnier et Charlotte Leroy. Et puis demeurait la question de l'arme du crime.

En lisant le rapport du légiste, Robin comprit que cette « arme », il l'avait eue en quelque sorte sous les yeux dès le début. Ces « orifices » dont parlait le légiste n'étaient autres que des trous causés par des talons aiguilles. Ce qui éliminait de facto Pauline Ducreux et ses baskets compensées de la liste des suspectes. Certes, c'était son rouge à lèvres qui avait été utilisé pour écrire sur le miroir mais cela ne représentait pas une preuve directe.

Si ces trous étaient « hétérogènes », cela pouvait indiquer qu'il n'y avait pas une seule mais plusieurs meurtrières. Pour en avoir le cœur net, le capitaine convoqua les trois femmes, dont il parvint non sans mal à tirer des aveux complets : elles ne se connaissaient pas auparavant mais avaient sympathisé au début de la soirée. L'alcool aidant, elles en étaient venues à se faire des confidences assez intimes. Elles avaient ainsi découvert que Thibaud Juillard, non content d'être leur amant commun, les avaient également contraintes, toutes les trois, à se faire avorter lorsqu'elles lui avaient annoncé qu'elles étaient enceintes. Aussi, lorsqu'il a annoncé en fanfaronnant sa future paternité, ces trois femmes, blessées dans leur chair, ont vu rouge. Sans même avoir eu besoin de se concerter, elles ont rejoint le salon VIP dès le départ de Pauline Ducreux, bien décidées à avoir une petite explication avec leur ex petit ami commun. Ce dernier avait ri en les voyant ainsi toutes les trois réunies et s'était moqué d'elles. C'est là que tout avait dégénéré. Fanny Brissac avait ôté son escarpin et le lui avait lancé au visage. Les deux autres l'avaient immédiatement imitée. Puis elles avaient récupéré leurs chaussures et s'en étaient servi comme de marteaux, frappant encore et encore jusqu'à ce que Thibaud Juillard succombe sous leurs coups. Elles avaient essuyé leurs talons à des serviettes en papier qui se trouvaient là, s'étaient rechaussées, avaient enfoui les serviettes dans leurs vêtements et avaient discrètement quitté le salon.

Le sourire mauvais qu'affichait Natacha Garnier en livrant ce récit au capitaine lui fit comprendre que les remords ne faisaient pas partie du programme.

UN DÎNER MORTEL

AFFAIRE CLASSÉE

ırtement des Blanc fut pas- peigne fin. Il fallut attendre ucc jours pour avoir les ré- s de l'autopsie et des diffé- s analyses d'usage. Jours que ιuet mit à profit pour rentrer :hez lui et profiter de sa belle ,are. Finalement, elle s'appelait ına. Le capitaine chargea l'un ses subalternes d'éplucher les ıptes en banque de la victime, .s rien déceler de curieux. A prio- es finances étaient saines, on ne ait aucune trace de transaction :arre ni de mouvements inhabi- els sur les comptes. Hervé Blanc avait pas d'assurance-vie. On ɔuvait donc écarter le mobile de argent. Becquet colla le « bleu » à examen du portable de la victime : ppels entrants, sortants, SMS. Il allait savoir qui Hervé Blanc appe- ait régulièrement et qui l'appelait, pendant combien de temps. Tâche fastidieuse s'il en était, que ce cré- tin avait bien méritée. Enfin, crétin, c'était vite dit. Becquet dut bien reconnaître que le jeune homme avait fait preuve de perspicacité, en remarquant que la victime avait appelé deux fois la baby-sitter du couple Blanc la semaine précédant le meurtre. Or le capitaine se sou- venait tout à fait avoir entendu dire Manu Roche qu'en ce moment, son ami Hervé Blanc et lui étaient sub- mergés de travail. Alors, pourquoi faire appel à une baby-sitter si l'on ne sort pas ?

Fin connaisseur de la nature hu- maine depuis quinze ans qu'il était flic, il ne tarda pas à comprendre. Il convoqua Mme Blanc pour un in- terrogatoire au commissariat. Lors- qu'elle parut, Becquet la trouva tou- jours aussi belle, mais d'une beauté tellement glaçante qu'elle donnait envie de garder ses distances.

Le capitaine, décidé à ne pas tour- ner autour du pot, rentra directe- ment dans le vif du sujet :

– Alors dites-moi, quand avez-vous découvert que votre mari entrete- nait une liaison avec la petite Claire Hébert ?

Le regard de la veuve se troubla.

– Qui ça ?

– Voyons, madame Blanc. Votre baby-sitter… Vous ne vous rap- pelez donc plus son nom ? Ou peut-être est-il si insupportable à vos oreilles que vous refusez de l'entendre ? Claire Hébert ! Claire Hébert ! Claire Hébert…

– Assez !

Michèle Blanc se prit la tête entre ses mains.

– Oui, c'est vrai, cette petite salope a séduit Hervé. Je l'avais découvert.

– C'est pour ça que vous avez déci- dé de tuer votre mari ?

Elle ne chercha même pas à nier.

– Nous venions de fêter nos onze ans de mariage. Et je savais très bien que dès le lendemain du dî- ner, il comptait emmener sa pé- tasse chez Georges. Notre restau- rant. Celui où il avait demandé ma main. Je le sais, le maître d'hôtel a appelé pour confirmer la réser- vation. Je ne pouvais pas le laisser me faire ça…

– Peut-être était-ce vous qu'il comp- tait emmener dîner, tenta Becquet.

– Non, j'avais invité une copine de ma fille à une soirée pyjama. Hervé le savait très bien.

– En tout cas, le coup de la baguette, je ne l'avais encore jamais vu.

Le capitaine posa un sachet en plastique contenant une baguette chinoise ensanglantée sur la table.

– Le policier chargé d'inspecter la maison a tout de suite vu qu'il en manquait une sur la table. Le pauvre a cherché partout celle qui faisait défaut. Vous l'aviez bien planquée. Bonne idée le cache- pot des géraniums. Mais voyez vous, on sait être patient dans la police.

Michèle Blanc fit un signe las de la main. Elle semblait déjà résignée au sort qui l'attendait. Elle n'avait plus rien de la classe que Becquet avait relevée au premier abord. Elle n'était plus qu'une femme blessée, qui avait tout perdu.

CLASSÉE

ULTIME K.O. DANS LES CORDES

Juste après le coup de fil du ministre – car c'était bien encore lui qui avait appelé – Sir David McCarthy reçut un fax de son homologue français. Il s'agissait d'un extrait de casier judiciaire de Laurent Peyre, l'un des suspects, condamné pour harcèlement quelques mois auparavant.

Le téléphone sonna à nouveau. Le chef de la police décrocha, pour apprendre qu'on venait de localiser ledit Laurent Peyre, dans un hôtel non loin de la Copper Box. On allait peut-être enfin pouvoir progresser.

Le jeune homme fut amené dans les locaux de Scotland Yard, où Sir David McCarthy lui-même procéda à l'interrogatoire :

– Nous vous avons beaucoup cherché, monsieur Peyre… Quelqu'un de plus soupçonneux que moi pourrait croire que vous vous cachiez… Ce même quelqu'un pourrait en déduire que c'est vous qui avez tué cette pauvre Lindsay Couperet.

– Je me cachais, c'est vrai, et j'avais mes raisons mais ce n'est pas moi qui l'ai tuée !

– Pourtant, le vigile vous a vu entrer dans les vestiaires après le combat. Et apparemment, vous sembliez assez pressé au moment d'en ressortir.

– Voilà, c'est exactement pour cette raison que je me cachais.

– C'est-à-dire ?

– Je suis allé dans les vestiaires, c'est vrai, et ce que j'y ai vu m'a filé les jetons.

– Et qu'avez-vous vu, monsieur Peyre ?

– Lindsay. Morte. Je me suis dit que si je ne m'en allais pas au plus vite, cette fois, je n'échapperais pas à la case prison.

– C'est à cause de ceci, que vous avez fui ? demanda le policier en faisant glisser sur la table l'extrait de casier judiciaire jusqu'au jeune homme.

– Oui.

– Pourquoi avez-vous été condamné ?

– Disons que la cour a estimé que j'envoyais un peu trop de lettres et de SMS à mon ex petite amie. Trop de coups de fil aussi.

– Huit mois avec sursis, cela fait beaucoup, pour quelques messages…

– Bon, d'accord, je l'ai peut-être un peu suivie aussi… et même menacée. Mai ça n'est arrivé qu'une seule fois, j'étais bourré.

– C'est sûr que votre casier judiciaire ne plaide pas en votre faveur dans l'enquête qui nous intéresse aujourd'hui. Votre fuite non plus d'ailleurs.

– Pourtant, vous allez me laisser partir, parce que vous n'avez aucune preuve. Et vous n'en avez pas, parce que ce n'est pas moi qui ai fait le coup.

Même si Sir David McCarthy en était contrarié, il devait bien reconnaître que Laurent Peyre avait raison. Il n'avait rien pour l'inculper. Il se retrouvait au point de départ. Il faudrait encore qu'il subisse les foudres du ministre. Pour l'instant, dans cette affaire, il n'avait réussi à découvrir que l'arme du crime : un lacet de l'une des chaussures de boxe de la victime, dont il avait tout de suite remarqué la disparition dans les vestiaires. De retour dans son bureau, il examina pour la énième fois les maigres pièces que comportait le dossier. Et enfin, alors qu'il n'y croyait plus, la solution jaillit sous ses yeux avec la brutalité de l'évidence. La clé se trouvait dans la lettre, qu'il avait lue et relue tant de fois. Ce n'était pas une lettre d'encouragement, mais une lettre d'adieu ! En ne lisant que quelques mots au début de chaque ligne, le texte prenait un tout autre sens :

Chère Lindsay,
Une fois de plus, je t'envoie un petit mot d'encouragement avant le grand soir.
Tu as atteint ton but, la finale du championnat. Je te souhaite la victoire de tout
mon cœur. Je te connais bien, depuis tout ce temps que je suis ton parcours et
je sais que, même si tu es assez fair-play pour faire bonne figure quand tu perds,
tu ne seras pas heureuse si le titre t'échappe aujourd'hui. Après tant de victoires,
avec lui, ce serait la consécration !
Si je ne peux malheureusement pas monter sur le ring avec toi, j'espère au moins
t'avoir assurée de mon soutien grâce à ce message. Prends garde à ton adversaire.
Je préfère encore te voir perdre la victoire plutôt qu'un œil. Voilà, c'est tout ce
que je voulais
te dire. Je crois en toi. L'Allemande ne fait pas le poids. Le titre, elle va devoir
lui dire
adieu !
Gaspard

MEURTRE À L'ABBAYE

AFFAIRE CLASSÉE

oizic avait mis du temps à comrendre mais elle y était parvenue. i elle n'avait pas beaucoup réfléchi u sens de son engagement depuis qu'elle avait découvert le corps de sœur Marie-Judith, elle n'en avait pas moins beaucoup cogité.

Si l'on partait du principe que le mobile du meurtre était le vol de la recette secrète, cela signifiait que le meurtrier était forcément quelqu'un d'extérieur à l'abbaye, c'est-à-dire l'un des retraitants. C'est ce qui avait poussé Soizic à demander la mesure des mains de tous les fiancés à table. Si la comparaison avec la taille des marques imprimées dans le cou de la morte n'avaient pas suffi à identifier le coupable, elle avait au moins permis d'écarter toutes les femmes de la liste des suspects. Leurs mains étaient trop petites. Les hommes, quant à eux, pouvaient tous être coupables – y compris Yann – car leurs mains avaient sensiblement la même taille. Seul Pierrick était innocenté par son selfie pris au karaoké au moment du meurtre. Cela laissait tout de même trois coupables potentiels.

Toutefois, quelque chose ne collait pas avec l'hypothèse du vol : l'étonnant message pornographique retrouvé dans la chambre d'une religieuse confinée. Et si le mobile n'avait rien à voir avec les caramels ? En lisant et relisant le morceau de papier, dont l'écriture différait nettement de celle du carnet de recettes, Soizic se demanda qui pouvait bien en être l'auteur. Elle s'interrogea ensuite sur la présence des guillemets. La première phrase serait-elle une citation ? La jeune femme se souvint alors que Camille, l'une des retraitantes, travaillait dans la pub. Un coin du mystère se levait. La partie entre guillemets correspondait sûrement à un slogan publicitaire, noté au pied levé et la suite était une appréciation de la jeune femme !

Soizic réfléchissait à voix haute : pourquoi et comment ce message s'était-il retrouvé dans la chambre mauve ? La chambre mauve. Et si… Elle se souvint de la remarque de Damien, le fiancé de Camille, lorsqu'on avait parlé à table de la couleur des chambres des femmes. Il avait dit : « *Encore faut-il les voir !* ». Il n'avait pas prononcé ces mots, comme les autres l'avaient cru, parce qu'il pensait qu'il n'aurait pas « l'occasion » de les voir mais parce que, réellement, il n'en était pas capable. Il était daltonien !

Soizic comprit alors tout ce qui s'était passé la nuit dernière : Damien avait trouvé le mot griffonné par Camille à un moment ou à un autre, sans doute avant même son arrivée à l'abbaye. Fou de jalousie, il avait décidé de tuer celle avec qui il projetait de passer le restant de ses jours. Il avait bien entendu au repas que la chambre de Camille avait une porte jaune mais lorsqu'il était arrivé dans le couloir de l'aile des femmes, ses yeux l'avaient trahi et il s'était engagé par erreur dans la chambre de la jeune sœur Marie-Judith. Il faisait noir, il n'avait pas vu que la femme endormie dans le lit n'était pas sa fiancée. Il l'avait étranglée puis était reparti se coucher. Ce n'est qu'en apprenant le décès de la religieuse puis en voyant Camille paraître au petit-déjeuner qu'il avait compris sa méprise.

Soizic raconta dans le détail sa découverte au commissaire. Elle se fit vertement réprimander pour avoir déplacé des objets d'une scène de crime, ce qui rendrait les pièces retrouvées inutilisables devant un tribunal. Le policier émettait aussi de sérieux doutes quant à l'authenticité de ce scénario plutôt tordu. Pourtant, dévoré par les remords, Damien Ferrat avoua son crime sous les regards horrifiés de sa fiancée

– *C'était un slogan*, répétait-elle comme une litanie. *Juste un slogan…*

UN MEURTRE PEUT EN CACHER UN AUTRE

S'il n'avait pas eu l'expérience qui était la sienne, Casanova aurait pu s'arrêter à l'hypothèse la plus simple : Gabriel Bartoli, que l'on avait retrouvé l'arme du crime à la main et les vêtements couverts du sang de son épouse (ce que l'analyse ADN avait confirmé), avait assassiné sa fille et tenté de faire de même avec sa femme. Quant au mobile, c'était sans doute la jalousie. D'après les billets d'avion retrouvés dans le sac de Christiana Bartoli, cette dernière avait prévu de s'envoler pour Barcelone avec un certain Dominique Orsoni. L'hypothèse était la suivante : Bartoli avait découvert les billets. Convaincu que sa femme prévoyait une escapade amoureuse avec son amant, il avait décidé de l'assassiner, par jalousie. Sa fille, en le voyant menacer sa mère avec un couteau, avait tenté de s'interposer et il l'avait tuée.

Pourtant, un certain nombre d'éléments ne collaient pas avec cette version. D'abord, si la fille avait voulu s'interposer, on n'aurait pas retrouvé son corps au fond de la cuisine mais près de celui de sa mère. Ensuite, les analyses scientifiques laissaient Casanova perplexe. On avait retrouvé de la peau et du sang sous les ongles de Stella, comme si elle s'était défendue contre son agresseur. Mais l'ADN ne correspondait ni à celui de son père (qui d'ailleurs ne présentait aucune trace de griffures ou de coups sur le corps), ni à celui de sa mère. De même, si le couteau portait des traces d'empreintes de Gabriel Bartoli, il y en avait aussi d'autres, qui n'appartenaient à aucun des membres de la famille. Le père de famille aurait-il dit la vérité ?

Casanova sentait que quelque chose lui échappait et il n'aimait pas ça. Il se décida à réexaminer toutes les pièces du dossier. Il réécouta le message téléphonique laissé par Gabriel à sa fille l'après-midi du meurtre. Le son était très mauvais mais malgré tout, quelque chose sauta aux oreilles du capitaine. Comment avait-il pu laisser passer ça ? La voix sur le répondeur n'avait pas d'accent. Ce n'était donc pas celle de Gabriel Bartoli, lequel avait un accent corse très prononcé. C'est pour cela que la voix disait : « *c'est Gabriel* » et non « *c'est papa* », comme on aurait pu s'y attendre ! Il devait nécessairement y avoir un autre Gabriel dans l'entourage de la famille Bartoli. En fouillant dans le répertoire téléphonique de Stella, le capitaine découvrit ce qu'il cherchait :

- *Gabriel Dos Santos. Bingo !*

En retournant à l'hôpital, Casanova apprit de la bouche de Gabriel Bartoli que ce Dos Santos était l'ancien petit ami de sa fille. Ils avaient eu une liaison pendant plusieurs mois mais Stella avait rompu parce qu'il avait fait preuve à plusieurs reprises d'un comportement violent à son égard.

– Vous ne m'aviez pas dit que votre fille devait se marier. Nous avons trouvé un faire-part dans votre cuisine.

– C'est vrai. Mais à quoi bon aurais-je dû vous en parler à présent qu'elle est morte ? Je ne connaîtrai jamais le bonheur de conduire ma fille au pied de l'autel.

– Gabriel Dos Santos était-il au courant de ce projet de mariage ?

– Je ne pense pas que Stella lui en ait parlé mais j'imagine que Christiana avait fait passer un faire-part à ses parents. Ma femme et Mme Dos Santos font toutes les deux partie de la même chorale. Je sais qu'elles s'entendent très bien.

– Je pense que leurs relations vont connaître un léger froid très bientôt.

Casanova avait vu juste. Le jeune éconduit était bien le meurtrier. Il s'était rendu au domicile des Bartoli, faire-part à l'appui, pour essayer de convaincre Stella de renoncer à ses projets de mariage, en lui répétant que c'était lui, l'homme de sa vie. Elle n'avait rien voulu entendre. Il avait alors saisi un grand couteau et s'était approché d'elle. À ce moment-là, Christiana Bartoli, alertée par les cris de sa fille, avait fait irruption dans la cuisine et avait tenté de lui arracher son arme improvisée des mains. Il était parvenu à faire plier son bras et l'avait atteinte au ventre. Stella, coincée au fond de la cuisine, n'avait plus eu aucune échappatoire.

Christiana Bartoli sortit du coma neuf jours plus tard, cinq jours après l'inhumation de sa fille. Lorsqu'elle s'éveilla, le regard bienveillant de son mari fut la première chose qu'elle vit. Elle murmura :

– J'ai essayé de les prévenir, de leur dire que ce n'était pas toi…

– Je sais ma chérie. Et la police le sait aussi. Nous allons devoir être forts à présent.

Il la serra dans ses bras en pleurant.

AFFAIRE CLASSÉE

MORT EN EAUX CLAIRES

AFFAIRE CLASSÉE

e rapport d'autopsie ne laissait pas le doute sur les causes de la mort. xelle Nereyre n'était pas morte oyée, comme l'avaient d'abord cru es enquêteurs. L'eau n'avait pas pé- étré dans ses voies respiratoires et es poumons car elle était déjà dé- édée au moment où son corps avait té immergé dans les eaux du lac. À résent qu'il savait que la cause de la nort était l'asphyxie, le commandant roze fit rapidement le lien avec la lume retrouvée dans la bouche de la iotimo. Son amie n'avait-elle pas dit ue son oreiller avait disparu le len- emain du meurtre ? Il devait être en lumes d'oie et c'est lui qui avait servi entraver les voies respiratoires de la eune Axelle. Mais qui avait bien pu uer la jeune fille et pourquoi ?

outes les pièces à conviction retrou- ées dans le camp convergeaient our accuser Martin Volle du crime. e commandant le convoqua pour un euxième interrogatoire, plus musclé ette fois-ci :

Monsieur Volle, vous nous avez nenti, commença le gendarme.

Mais non pas du tout, répondit le eune homme d'une vois mal assurée.

Ne recommencez pas ! menaça le ommandant en frappant un poing ur la table. *Nous avons des preuves t elles ne mentent pas, elles ! Nous vons retrouvé, dans le téléphone ortable de la victime, un selfie où elle rend la pose avec vous, dans une si- uation qui ne laisse guère de doute uant à la nature de vos relations.*

e commandant montra à l'adoles- ent un tirage papier de la photo où embrassait la jeune fille. Il baissa la ête, sans rien dire.

Nous avons aussi retrouvé ceci, jouta Croze en montrant une deu- ième photo montrant un préservatif sagé. *Et devinez-quoi ? Il y a des aces de votre ADN et aussi de celui 'Axelle Nereyre. Curieux non, étant onné que vous nous avez dit que ous ne la connaissiez pas !*

Le jeune homme s'effondra.

– *Oui, c'est vrai, reconnut-il dans une voix baignée de larmes. C'était ma petite copine. Nous sortions en- semble depuis trois jours et j'étais dingue d'elle. Depuis qu'elle est morte, je ne dors plus tellement ça me rend malade ce qui lui est arrivé.*

Le commandant dut bien recon- naître que le jeune homme avait les traits extrêmement tirés… mais son manque de sommeil pouvait aussi bien être provoqué par la culpabilité !

- *Pourquoi m'avoir caché la nature de vos relations avec la victime la pre- mière fois ?*

– *Parce que j'avais peur.*

– *Jeune homme, je crains que vous ne puissiez pas rentrer chez vous tout de suite. Il va falloir attendre qu'on y voie plus clair dans cette affaire.*

Martin Volle fut placé en détention provisoire. Toutefois, un détail chif- fonnait le commandant Croze : le pendentif retrouvé dans la barque près de l'eau, qui était le même que celui que portait la victime. Ce mo- dèle était destiné aux amoureux. Mais comment le jeune Martin, un mineur, sans voiture, aurait-il bien pu se procurer un tel bijou ? En exa- minant à nouveau le cœur brisé, le commandant eut une révélation. La patine de l'or, provoquée par des centaines de micro-rayures faites au fil du temps, prouvait que ce bijou était loin d'être neuf. Il devait dater de plusieurs années déjà. Or la seule personne du camp qui connaissait Axelle Nereyre depuis plusieurs an- nées était son frère jumeau. La jeune Suzon l'avait décrit comme taciturne et très protecteur. Très proche de sa sœur aussi. L'image de ce grand adolescent dégingandé, avec son tee-shirt à message et ses baskets crottées lui revint en mémoire. Ses baskets crottées… Il faisait tellement sec depuis le début du camp que la terre s'élevait partout en poussière et lui, il portait des baskets crottées ! La seule explication possible, c'était qu'il avait marché dans la boue du lac.

Les indices étaient minces mais cela valait le coup d'essayer, surtout si cela pouvait éviter d'envoyer en pri- son un innocent de 17 ans. Et de fait, le commandant avait vu juste. Convoqué, au grand étonnement de sa mère, Simon Nereyre avoua le meurtre de sa sœur. En se prome- nant dans les bois pendant le temps calme, il l'avait surprise en train de faire l'amour avec Martin.

Cela l'avait rendu fou do jalousie et de douleur. Avec Axelle, ils s'étaient promis que leur amour fraternel se- rait toujours plus fort que tout. Le pendentif, que chacun des jumeaux portait en permanence, était là pour leur rappeler leur engagement. Dans le bois, Simon avait entendu sa sœur dire à Martin que c'était juste un sou- venir d'enfance et qu'elle pourrait l'enlever si cela le gênait. Simon avait alors pensé qu'il avait perdu à jamais l'amour de sa sœur. Durant la nuit, il avait quitté sa tente sans bruit pour rejoindre celle d'Axelle. Elle avait le sommeil lourd et ne s'était pas ré- veillée lorsqu'il avait retiré l'oreiller en plumes d'oie de sous sa tête. Il l'avait embrassée une dernière fois puis avec plaqué l'oreiller sur le vi- sage chéri. Axelle, tirée du sommeil, avait tenté de se débattre mais son frère avait maintenu la pression et elle avait rapidement succombé. Au- cune des filles de la tente ne s'était réveillée. Il avait ensuite transporté le corps jusqu'au lac, s'était avan- cé dans l'eau et l'avait lesté d'une grosse pierre trouvée là. De retour dans sa tente, il avait caché l'oreiller et s'était allongé comme si rien de tout cela n'avait eu lieu.

Trois jours plus tard, la mère d'Axelle et de Simon Nereyre fut retrou- vée pendue dans son grenier. Dans sa lettre d'adieu, elle expliqua que sa vie lui était devenue insupportable.

SÉRIE AU FIRMAMENT

En prenant un peu de distance par rapport à la carte de Paris affichée au mur, sur laquelle étaient pointés les lieux successifs de découverte des corps, Lucie Bouvier se rendit compte que ces lieux étaient loin d'être choisis au hasard. Ils répondaient à un plan, que les enquêteurs n'avaient pas découvert jusque-là. En reliant les points les uns aux autres, on voyait nettement apparaître une étoile à cinq branches régulières, semblable à celle qui se trouvait en en-tête de chacun des messages laissés par le tueur.

Si les sept premiers emplacements respectaient rigoureusement ce plan, le lieutenant remarqua que le huitième s'en éloignait diamétralement. Alors qu'en toute logique, le corps aurait dû être déposé boulevard Brune, au sud de la capitale, on l'avait retrouvé sur l'île de la Cité, en plein cœur de Paris. Le lieutenant Bouvier s'interrogeait sur les raisons de cette rupture dans la continuité macabre des mises en scène, lorsque le téléphone sonna, l'informant de la découverte d'un nouveau cadavre de femme en robe lamée. Lorsqu'elle demanda où on l'avait retrouvé, elle ne fut pas étonnée d'apprendre que c'était sur un banc du boulevard Brune. Elle avait vu juste.

Dans cette affaire, il y avait donc un cadavre de trop. Pourquoi le tueur aurait-il assassiné deux jeunes femmes, puis disposé les corps à plusieurs kilomètres l'un de l'autre, alors que depuis huit mois, il avait l'habitude d'en éliminer une seule, à chaque veille de pleine lune, avec la régularité d'un métronome ?

Et si Amanda Starck ne faisait pas partie du plan ? Après tout, son corps n'était pas au « bon » endroit, elle était plus âgée que les autres victimes et son entourage la connaissait brune. Son meurtrier n'était peut-être pas le même que pour les autres victimes. Les médias, il est vrai, avaient divulgué au grand public un certain nombre de détails quant aux habitudes et au mode opératoire de Golden Boy. Cela avait peut-être donné des idées à l'assassin d'Amanda Starck. Il avait pu la teindre en blonde et l'habiller ainsi pour qu'elle « colle » avec les autres jeunes femmes, afin que son crime soit attribué au tueur en série. Mais comment dans ce cas aurait-il pu savoir pour le message ? Texte, papier, enveloppe et même l'énigmatique en-tête à étoile… le message qu'on avait glissé près du corps dans l'île de la Cité était similaire en tout point à ceux qu'on avait retrouvés dans les sept cas précédents. Or ces précisions n'avaient pas été données aux journalistes… ce qui signifiait que le meurtrier était forcément quelqu'un qui avait accès à tous les détails de l'enquête, c'est-à-dire, un policier. Et pas n'importe quel policier : l'un de ses coéquipiers !

Cette conclusion fit froid dans le dos du lieutenant. Elle examina le portrait-robot dessiné d'après les indications de la serveuse des Deux Moulins. L'horrible vérité se fit jour : l'homme qu'Amanda Starck avait éconduit le soir de sa mort et qui l'avait très probablement assassinée, n'était autre que… le commissaire Dourte !

AFFAIRE CLASSÉE

MIEUX VAUT ÊTRE SEUL QUE MAL ESCORTÉ

AFFAIRE CLASSÉE

…urance-vie d'Amy Waterspoon, …t donc une jolie somme en li… et quatre polaroïds. Ils avaient …certainement été pris par l'ap… …il photo caché sous la télévision … son appartement, à en juger … le canapé et par le décor que … apercevait en arrière-plan sur … clichés. La capitaine Altman ob…va chaque photo. Des hommes …gants, que la victime avait dû …contrer par le biais de l'agence. …est sympathique de la part d'Amy … nous faciliter le travail, se dit l'en…uêtrice en lisant les noms et les …nctions de ces hommes sous les …notos. Du beau monde en effet ! …orsqu'elle compara avec la liste …ournie par Mme Rosa, elle se rendit …compte que, comme on pouvait s'y …attendre, les quatre noms y figu…raient.

En tout cas, la PDG de Follow Me avait vu juste. Normalement, une escort girl ne recevait pas de client chez elle. Si tous ces hommes s'étaient retrouvés sur le canapé d'Amy Waterspoon, cela signifiait qu'elle court-circuitait l'agence pour faire affaire directement avec eux et empocher une plus grosse somme. Cette hypothèse se confirma avec l'épluchage des relevés bancaires de la victime. On y trouvait régulièrement des traces de virements, reçus de personnes dont seules les initiales étaient indiquées. Comme par hasard, ces initiales correspondaient à celles des quatre hommes sur les photos ! Une chose mit toutefois la puce à l'oreille du capitaine : la sœur d'Amy avait affirmé qu'une soirée lui rapportait environ 300 dollars. Si les virements perçus de la part de « G.F. » et « T.S. » – sans doute George Filtzpatrick et Tom Scott – correspondaient à ce montant, quatre autres chiffres étaient beaucoup plus importants. En l'espace d'un mois, Amy avait reçu deux versements d'un certain « M.H. », sans doute Mark Hamil, pour un total de 6 000 dollars. Même chose de la part de « P.H. », c'est-à-dire Philip Henry. Il n'y avait plus de quoi s'étonner de l'ameublement luxueux de l'appartement de l'étudiante ! Erin Altman commençait à comprendre : la jeune femme attirait ces hommes chez elle – si ça se trouve, c'était même elle qui les contactait et non pas eux – puis faisait en sorte qu'ils soient photographiés en sa compagnie dans une position suffisamment ambiguë pour être compromettante. Ensuite, elle faisait du chantage à ses riches clients : elle exigeait beaucoup d'argent pour acheter le secret entourant ces photos. Si ça se trouve, « G.F. » et « T.C. » n'avaient pas été ponctionnés tout simplement parce qu'Amy était morte avant de mettre en place son chantage avec eux.

Quant aux deux hommes délestés de 6 000 dollars, l'un d'entre eux en avait peut-être eu assez. Il avait envoyé un sms à Amy pour lui demander d'arrêter son manège, puis, face à son obstination, l'avait tuée. L'assassin avait laissé une seringue usagée sur le canapé et avait fait un garrot sur le bras d'Amy. Il pensait que le légiste conclurait à une overdose et qu'il n'y aurait pas d'enquête, ni d'analyse plus poussée. C'était sans compter sur la perspicacité du Dr Mike Peterson, le légiste de la police. Cet habitué des homicides avait tout de suite éliminé la drogue des causes possibles de la mort. Les analyses avaient révélé la présence de conine, une toxine contenue dans les graines de la grande ciguë. Plutôt inhabituel comme poison. Surtout que cette plante, comme le découvrit la capitaine, pousse plutôt dans les endroits frais, près des chemins ou des cours d'eau. Pas vraiment le climat de la Californie. Pourquoi Mark Hamil ou Philip Henry, les deux hommes qu'Amy avait fait chanter, auraient-ils eu recours à ce procédé inhabituel pour la tuer, et comment se seraient-ils procuré la plante ?

Le profil de Tom Scott, le chimiste, collait beaucoup mieux. Par sa profession, il avait accès à toutes sortes de végétaux, dont il connaissait bien les molécules et leur effet sur le corps humain. Pourtant, l'étudiante n'avait pas fait chanter cet homme. Quel pouvait alors être son mobile ?

Le capitaine Altman se souvint que Samantha Waterspoon avait parlé d'un client qui se serait entiché de sa sœur. Cela devait être lui. Cela expliquait aussi le sms retrouvé sur le portable de la victime : Tom Scott, jaloux de savoir Amy avec d'autres hommes, lui avait demandé d'arrêter de les voir, ce que, mue par l'appât du gain, elle avait évidemment refusé.

Il l'avait alors tuée.

DIX ANS PLUS TARD

Tatiana explique au capitaine Becquet son raisonnement, tandis qu'il s'échine à couper des morceaux de sa tarte aux pralines avec sa petite cuillère sans en mettre partout sur la nappe.

– Tu m'as bien dit que c'était la fille de Lizet Halva qui t'avait ouvert la porte n'est-ce pas ?

– Oui, c'est bien ça… Zut !

Becquet avait échoué et une grosse tache rose maculait à présent le tissu de la nappe.

– Quel âge avait-elle ?

– Je dirais dix ou onze ans.

– Lizet Halva a donc été maman très jeune.

– Oui, c'est vrai, fit Becquet, distraitement.

Tatiana tira à elle l'assiette du capitaine, pour attirer son attention. Il leva le regard dans sa direction.

– Elle a été maman à 19 ou 20 ans. Tu vois où je veux en venir ?

Privé de son dessert, le capitaine était plus concentré.

– Oui, je crois que je commence à comprendre. Elle aurait été mère après son année de droit. Tu penses que Jérôme était le père de l'enfant ?

– Exactement.

– On demandera un test de paternité pour vérifier. En tout cas, cela expliquerait pourquoi Lizet a arrêté la fac et est rentrée précipitamment dans son pays. Tu crois que c'est elle qui a écrit la lettre ? Je vois très bien le topo : il a appris pour le bébé mais il ne voulait pas de l'enfant et a préféré quitter Lizet plutôt que d'assumer sa paternité. Merci ma perle, tu ferais une enquêtrice formidable, conclut Becquet en tendant la main pour récupérer sa tarte, dont la garniture se répandait dans l'assiette sous l'effet de la chaleur ambiante.

– Tsst, pas encore, l'arrêta Tatiana en lui tapotant le dessus de la main. *Réfléchis un peu : comment Lizet aurait-elle pu écrire la lettre à Jérôme, compte tenu de son niveau de langue française ? Quand je t'ai demandé tout à l'heure, tu m'as dit qu'il n'y avait pas une seule faute d'orthographe. Il y avait aussi des mots compliqués, que même moi, qui suis en France depuis trois ans, je n'ai pas compris. Ça veut dire quoi « étreintes » et « lourdement » ?*

– Je t'expliquerai plus tard, répondit le capitaine en caressant la main de la jeune femme. Je t'en prie, continue. Si ce n'est pas Lizet, à ton avis, qui est-ce ?

– Ça peut être n'importe laquelle des deux autres filles.

Le capitaine prit un air déçu.

– Mais nous savons autre chose, reprit Tatiana en ménageant son *suspense. On a bien vu sur la photo du journal que la voiture de Jérôme Taffin avait dû être poussée par un autre véhicule par l'arrière ?*

– Oui. Je ne sais pas comment ils sont passés à côté il y a dix ans.

– Parce qu'ils ne cherchaient pas. Pour eux, c'était juste un jeune qui avait trop bu et qui avait eu un accident.

– Tu as sans doute raison.

– Donc, qui dit voiture, dit permis.

– Normalement, oui.

– Tu m'as dit que Marion Guérin était en première à l'époque des faits. Son frère a affirmé qu'elle était mineure, donc elle avait 16 ou 17 ans. Cela signifie que ce n'est probablement pas elle qui conduisait la voiture qui a poussé celle de Jérôme Raffin dans l'arbre.

– Mais alors, ça ne nous laisse que…

– Héloïse Fournier, fit Tatiana, en affichant un sourire de victoire.

– Mais ce n'est pas possible, elle était à l'hôpital pour son appendicite quand l'accident s'est produit. La photo qu'elle m'a donnée le prouve !

– Tu m'as bien dit qu'elle avait une sœur jumelle ?

– Tu crois que…

– Je crois que ce n'est pas Héloïse mais sa sœur sur la photo. Demande-lui qu'elle te montre sa cicatrice d'appendicite.

– Tu es fabuleuse, Tatiana.

– Je sais !

– Et maintenant, dis, je peux finir mon dessert ?

TOUT FEU TOUT FLAMME

…pport d'incendie confirma ce …aient pressenti le capitaine …ompiers et le chef de la po… l'origine du feu était bien cri…lle. Restait à découvrir qui en l'auteur et quelles étaient ses …vations. Mais en attendant, … Dehlavi avait une autre ques… plus urgente à régler : celle de …entité de l'homme qui avait trou… la mort en même temps qu'An… Kapoor. En effet, il avait été si…é d'apprendre que d'après les …preintes dentaires, le cadavre …asculin retrouvé dans l'apparte…ent n'était pas celui du professeur … musique ! D'ailleurs, il avait été …cile de s'en assurer. Le policier …vait composé le numéro de télé…hone de Nishok Vikal, qui avait …écroché le plus naturellement du …onde. Il avait dû partir quelques …inutes avant que l'appartement ne s'embrase. Il n'était pas au courant du drame, puisque tout le monde croyait qu'il en était l'un des protagonistes. En tout cas, cela expliquait que les pompiers n'aient retrouvé qu'un seul sitar calciné et non deux. Le frère d'Anjali était lui aussi bien vivant, quoique profondément affecté par le décès de sa sœur. Au moment de l'incendie, il était en train de faire des courses avec ses parents. Il ne se pardonnait pas de n'avoir pas été sur place au moment de l'incendie. Comme si sa présence avait pu changer quelque chose…

Le policier fut intrigué par le pendentif en or que l'on avait retrouvé dans les décombres. Il portait des inscriptions en arabe. Curieux dans l'appartement d'une famille hindouiste. D'autant plus que le capitaine avait déjà vu suffisamment de fois ces signes calligraphiques pour savoir qu'ils formaient le nom d'Allah. Le seul musulman qui mettait régulièrement les pieds chez les Kapoor, pour ce qu'en savait le policier, était Jamal Malik, dont le patronyme laissait présumer de son appartenance religieuse. Oui mais il avait prévenu qu'il ne viendrait pas donner son cours ce jour-là… À moins qu'il n'ait menti… Amir Dehlavi repensa à ce qu'avait dit le collégien témoin de l'embrasement : il avait vu Anjali et un homme s'embrasser. De plus, la mère d'Anjali avait déclaré que sa fille était tombée amoureuse. Et si l'homme qu'elle aimait était ce Malik ? La chronologie des faits se mettait en place dans l'esprit du policier. Jamal Malik avait dû apprendre, par la bouche d'Anjali elle-même probablement, qu'elle s'était résolue à épouser le jeune homme que ses parents lui destinaient. Elle savait bien qu'ils n'auraient jamais accepté qu'elle devienne la femme d'un musulman ; déjà qu'ils ne voulaient pas entendre parler d'hommes de castes inférieures… Le jeune amoureux avait alors demandé à Anjali de la voir une dernière fois, seul à seul, et elle avait accepté. En réalité, il souhaitait la faire changer d'avis. Mais comment faire pour discuter librement avec toute la famille qui surveillait ses faits et gestes en permanence ? Il avait eu l'idée de faire croire qu'il ne pouvait pas venir donner le cours. Anjali avait pour mission de pousser ses parents à sortir, afin de lui laisser le champ libre comme promis. Après le départ du professeur de sitar, Jamal s'était présenté chez Anjali. Il l'avait suppliée de renoncer à ce mariage arrangé, en l'assurant que son amour suffirait à vaincre tous les obstacles. La jeune fille avait préféré la raison à la passion et avait repoussé ses avances. Il lui avait fait croire qu'il comprenait ce choix et lui avait demandé un baiser d'adieu, qu'elle avait accordé. Par dépit, il avait alors déversé sur le sol, au pied des rideaux, une fiole d'éther, prise au père de sa bien-aimée. Puis il avait frotté une allumette… Il avait réitéré à différents endroits de la pièce. Il préférait tuer Anjali que de la savoir malheureuse avec un homme qu'elle n'aimait pas et il préférait se tuer que de vivre sans elle.

Certes, pour les détails, Amir Dehlavi avait puisé dans son imagination. Mais dans l'ensemble, sa théorie était la bonne, comme le confirma une lettre d'adieu explicative laissée par le jeune musulman à ses parents.

AFFAIRE CLASSÉE

Illustrations Matthieu Fauré

Crédit images : Shutterstock & Fotolia

© Hachette Livre (Marabout), 2015.
Aucune partie de ce livre ne peut être reproduite sous quelque forme que ce soit ou par quelque moyen électronique ou mécanique que ce soit, y compris des systèmes de stockage d'information ou de recherche documentaire, sans autorisation écrite de l'éditeur

Édité par Hachette Livre
(43 quai de Grenelle, 75905 Paris Cedex 15)
Imprimé en Espagne par Estella Graficas
pour le compte des éditions Marabout
Dépôt légal : mars 2015
ISBN : 978-2-501-10225-4
71.5566.3
Édition 01